陶器まつり60年記念出版——波佐見焼振興会編

波佐見は湯布院を超えるか

発刊によせて

元気なまち波佐見の入口

波佐見町長　一瀬　政太

近年、波佐見町は元気がある町として多くの方々の評価を得ているところであります。ここに至るまでには10数年におよぶ地場産業の振興と町づくりの変遷がありました。その中、官民一体の取り組みが功を奏してきたと強く感じています。

100万人誘致作戦の成功「継続は力なり」

私は、高度経済成長への兆しを肌で感じながら、昭和37年（1962）に高校を卒業、実家の窯元で働くこととなりました。当時の焼成は薪と石炭でしたが、10年後にはガス窯となり焼成時間が大幅に短縮されました。成形も機械ろくろからマシンへ、変形鋳込みも圧力成形へと変わり、絵付けもパット印刷が普及し、格段の増産体制が確立されました。

流通市場も専門店とデパートに限られていたのが、スーパーマーケットとブライダルが急速に拡大し、生産、売り上げも伸び、朝夕は従業員の送迎バスで渋滞が起こるほどの盛況ぶりでした。

しかし、バブル経済崩壊で急激に市場が縮小し、分業と機械化で大量生産システムから多品種小ロットの時代となり、市場のニーズに適応できない企業は淘汰されるという厳しい現実に直面することになりました。そのころ、深澤清氏と出会い、人間学や論語などの学識のある人や本を紹介していただき、主宰されていた「朝飯会《ちょうはんかい》」でも多くの学びを得たところです。

一方で私は青年団のころから、国会議員や町長、町議などの選挙に強い関心があり、選挙のときは血が騒ぐ、そういう気概がありました。

平成６年（１９９４）の町長選挙まで、24年間、３人の町長が一部の有力者の話し合いの下、無投票で決まる状況がつづいておりました。そのことに悲憤慷慨した私は、十分な準備もしないまま町長選挙に初挑戦したものの見事落選しました。

その後、深澤氏と児玉盛介氏は、「バブル崩壊後の窯業の再生をどうするか？」「波佐見町の活性化をどう図るか？」ということで平成７年（１９９５）から毎月第一土曜日午前６時半から朝飯会の定例会を開催し始めました。お二人の強いリーダーシップのもとで先進地を視察したり、著名人の講演会を実施したりする中で、私も大きな刺激を受け、多くの学びを会得しました。平成10年（１９９８）の町長選挙に再度挑戦して当選、町長としての第一歩を踏み出すことができました。

就任はしたもののデフレ不景気で窯業は低迷し、町の税収は落ち込み、頼みの綱の地方交付税も国税収入の低迷で減少し、歳出は過去の大型事業の借金返済で就任当初から財政危機に直面しました。その改善を図るべく10年間の財政構造改善計画を策定したものの、新たな施策はほとんどできず、行財政改革を徹底することが私に与えられた天命と認識して推進することにしました。平成13年（２００１）に発足した小泉政権の三位一体改革により、地方交付税がさらに減額され、一層厳しい財政運営を余儀なくされることになりました。

平成12年（２０００）には、児玉、深澤両氏がグリーンクラフトツーリズム研究会を立ちあげ、翌年ＮＰＯ法人化し、活動の拠点となる施設「四季舎」を中尾山の廃窯に整備し、各界の著名人を招き、講演や交流会を開催し、意識の高揚と人づくりを実践して来られました。

私は「開かれた町政」をモットーに、活力ある町づくりは、産業と地域と行政がスクラムを組むことを信条としており、研究会の発足に呼応して平成13年（２００１）、当時年間45万人程度であった観光客を１００万人にしようと「来なっせ１００万人」の目標を掲げ、官民一体となって観光の推進に力を入れました。その結果、中尾山の桜陶祭、鬼木棚田の案山子まつりが一段と充実し、各自治会、地域でも様々なイベントが開催されていきました。観光交流センターや西の原工房、温泉施設「湯治郎」への誘客等で「来なっせ１００万人」もこれまで地道に推進してきた結果、ようやく平成29年（２０１７）に達成することが確実になりました。まさに継続は力なりです。

人と人の出会いが町の活性化につながる

一方、児玉、深澤両氏は波佐見町の活性化策に試行錯誤しながら取り組み、平成14年（２００２）ごろ、リクルートで地域活性事業に取り組む井手修身氏との交流ができ、ツーリズムやまちづくりのアドバイスをもらいました。その後、井手氏が独立され「イデアパートナーズ株式会社」の発会式で、ＪＲ九州で観光振興に造詣のある町孝氏との出会いが生まれました。町氏が平成17年（２００５）にハウステンボス・全日空ＪＲホテルの社長に着任されてからは、さらに交流が深まり、新たな発想や韓国との交流など、さまざまなアドバイスもいただきました。

また、朝飯会にはここ数年、県立大学や国際大学の先生、在野の著名な名士の方々も気軽に出席され、自らの知見や持論を披露していただき、そのすごい内容に充実感を堪能しております。

陶業界では、平成15（2003）年ごろから産地表示の問題が噴出し、有田焼のブランドが使えない状況となり、波佐見焼は産地として存続の危機に直面する事態となりました。商工のリーダーと有田陶業界との協議もままならず、結果として波佐見は「波佐見焼」で販売するという結果になりました。以来、波佐見焼の知名度向上ため、商工両組合の主導で、大都市圏でのプロ養成講座、ファン拡大講座、さらにサポート講座などを、民間主導で10年余にわたって産地一体となって取り組んだ結果、首都圏での知名度が格段に向上してまいりました。

さらに、平成20年（2008）から児玉氏が波佐見焼振興会会長に就任したあとは、長崎県、波佐見町が一体となって出展するようになった東京ドームでの「テーブルウェアフェスティバル」では、個々のブースを集約し、産地として窯元を前面に展開しています。東京ドームの今田功ディレクターを産地波佐見に招聘し、商品の品質を高めていることは他産地の羨望の的となっているのであります。

児玉氏は私的にも西の原工房に山形出身の異色の陶芸家長瀬渉氏を受け入れ、その友人の岡田浩典氏がレストラン「モンネ・ルギ・ムック」を開業し、庭内にはセレクトショップやギャラリーも設置し、この西の原工房だけで年間11万人以上の誘客ができ、交流人口の拡大に大きく貢献していただいています。

また、平成の合併を進めていく中で平成17年（2005）年3月に東彼杵郡三町合併協議会が破綻したとき、単独で行政運営を推進するには、地場産業のさらなる振興と企業誘致による新たな雇用の創出が大きな課題だとわかりました。そこで長崎県が設置する工業団地を誘致、平成22年（2010）4月にはカメラ業界世界最大手のキヤノンが操業を開始、約1200名の雇用が生まれました。

行政改革も一段落し、守りの行政から攻めの行政へ転換しました。その第1号として平成23年（2011）町営工業団地を計画し、24年（2012）に完成しました。ここには自動車関連企業と運送業者の進出が決定し、29年（2017）ですべて完売することができ、80名程度の雇用が生まれる予定であります。

また、平成22年（2010）には東京財団主催の日本再発見塾を、児玉氏と深澤氏のご尽力で波佐見町で開催できました。このとき全国の過疎地域を活性化する目的でそれに賛同する著名人や大学生らがあつまり、開催地波佐見の若手実行委員といっしょになって、その地域の歴史文化を掘り起こすことが、地域の活性化に繋げられると再認識することができました。それ以来、波佐見再発見塾として地元中心に開催され、自分が生まれ育った地域の歴史文化を知ることによって、この自然豊かな波佐見町を守り育てていこうという愛着が湧き、波佐見町活性化の大きな力となっています。

今後の整備計画でさらに元気に

現在、西日本随一を誇る木造の旧波佐見東小学校講堂を平成30年（2018）完成を目指して改修中です。さらに大型の旧民家を購入し歴史文化交流館（仮称）として平成31年（2019）～32年（2020）の計画で整備を進めております。これらが完成すると、賑わいを見せている西の原界隈から陶芸の館、歴史文化交流館と新たな観光ルートが完成します。

このように波佐見町はまだまだ多くの伸び代があり、これからも官民一体となって「つんなむ波佐見―クラフト&ツーリズムのまちづくり」に向けて限りなく発展するでしょう。その多くの人材は次々と生まれてきています。

振り返ってみれば、波佐見町の大きな転換期は、波佐見焼の知名度の向上、キヤノンと温泉施設「湯治楼」の創業、日本再発見塾の開催など、土を耕し、種をまき、その芽が吹き始めた平成22年（2010）ごろからではないかと思います。それからホテル「ブリスヴィラ」、ホテル「AZ」の開業などがつづき賑わいを見せ、今後は、感性豊かな若手の活躍にも大いに期待がもてるものと確信しています。

以上本書発刊にあたり元気なまち波佐見の入口のところを記しましたが、この後に波佐見の元気に携わっている方々の仕掛け話がありますので、じっくり読み解いていただければ幸いに存じます。

【筆者プロフィール】

一瀬政太（いちのせまさた）　1943年生まれ、熊本県立済々黌高校卒業後、1962年一龍陶苑入社。1996年波佐見町議会議員。1998年波佐見町長就任、現在5期目。開かれた町政をモットーに就任当初から自治会長制度を導入し、意思の疎通を図るとともに10年間の財政構造改善改革を実践、逼迫した財政の再生を図る。基本方針として雇用の創出を念頭に地場産業の振興と企業誘致を図り、「来なっせ100万人」を掲げ、観光交流人口の増大と教育、文化福祉の充実を推進する。2006年長崎県町村会会長。2010年九州町村会副会長。2011年全国町村会副会長就任、現在に至る。

波佐見は湯布院を超えるか

目次

発刊に寄せて
元気なまち波佐見の入口　波佐見町長　**一瀬　政太**　1

長崎県立大学講演から
波佐見町は湯布院町を超えるか？　ＪＲ九州リテール（株）監査役　**町　孝**　10
1．波佐見町との出会いで学んだこと
2．観光産業の動向とサービス
3．Destinationとして成功するための要因―「湯布院町」の成功例
4．是非とも知っておきたい対馬市などの離島の現状
5．波佐見町で暮らしてみたいと思いますか？
6．「成長と進化」の重要性
7．波佐見町の今後…町民が最大の地域資源

特別寄稿
日本の未来を学ぶ場、波佐見に　長崎大学学長　**河野　茂**　57
―小さくて、キラリと光る町にしよう

座談会
女性が語る波佐見と仕事・ひと　コーディネータ：**古河幹夫**　65
―「つんなむ会」の連帯感が町を元気にする
松尾ちえみ　田中ゆかり　中村千織　太田早紀　赤尾美望　大澤満美子　司会：児玉涼子

座談会
「半農半窯」の町が客を呼ぶ　104
―波佐見町を元気にしてきた秘策を語る
児玉盛介　井手修身　太田聖　澤田健一　城後光　司会：古河幹夫
1．有田焼ブランドからの決別
2．波佐見ブランドはどうして生まれたか

3. 観光地としての活路をどう見つけるか
4. 将来の波佐見を任せられる人さがし
5. 魅力と可能性のある町に

陶磁器産地
波佐見のモノ・コト・ヒトを考える　伝統技術ディレクター　立川　裕大　150
官民協働で波佐見のまちづくり　波佐見焼振興会事務局長　平野　英延　165
波佐見に観光ホテルを建てた理由　九州教具株式会社　代表取締役社長　船橋　修一　191
波佐見温泉が蘇るまで　マッケンホーム　株式会社松下建設代表取締役　松下　和徳　204
若者座談会
俺たちの町　波佐見ってどげん?　215
—「ハッピータウンはさみ祭り」でみなを「ドキッ」とさせたい!!
山脇慎太郎　岩寄大貴　里山賢太　村島慎一郎　馬場匡平　司会:城後光
波佐見随想　合同会社HRエンゲージメント代表　安徳　勝憲　231
波佐見陶器まつり60年を振り返って　波佐見焼振興会事務局長　平野　英延　243
地域再生運動で学んだこと　元NPO法人グリーンクラフトツーリズム代表　深澤　清　256
あとがき　264

装丁デザイン:納富　司デザイン事務所
大扉撮影:納富　司(中尾山全景)

長崎県立大学の講演から

波佐見町は湯布院町を超えるか？

JR九州リテール（株）監査役　町　孝

1．波佐見町との出会いで学んだこと

⑴ 変化することの大切さ
――朝飯会での出会いで直感した波佐見の人たち

本日は、波佐見町という陶磁器の産地でとても元気でたくましい町について、私の個人的な出会いのなかで感じたエピソードを交えてお話したいと思います。

長崎県立大学は県立ですから県内出身の学生さんが多いと思い込んでいましたが、伺ってみると佐世保校キャンパスでは県内出身者が4割弱ということなので、波佐見という町については初めて耳にされる方のほうが多いかもしれません。しかし、この町はリーダーをはじめ人々がユニークで魅力的で一度会ったら忘れがたい地域なのです。九州圏内でやはり私が関わった湯布院町や対馬市の事例とも比較しながら、ぜひ元気の秘密をお伝えしたいと思っております。

最初にお断りしておきますが、何度も登場してきます「ゆふいん」の漢字表記は、固有名詞で使用される「由布院」以外、すべて「湯布院」とさせていただきます。

それにしても皆さんは本日のテーマをご覧になり、きっと驚かれたことでしょうね。「波佐見町が湯布院町を超える」とこの人は本気で考えているのだろうか？　きっとそのような疑問を持たれたと思います。そこで最初に、なぜ私が大げさとも思えるテーマを選択したかについて説明させていただこうと思います。

私は２００５年度と２００６年度の2年間、ハウステンボスＪＲ全日空ホテルの社長をしていたことがあります。このホテル、今はホテル・オークラブランドに変わり経営的にも安定していますが、私が社長を拝命した時期は、頼みのハウステンボスが2千億円以上の負債を抱えて経営破綻した直後で、ホテルの経営環境も最悪の時でした。前任の社長から引き継いだ時、すでに債務超過となっており、年間の売上高は最盛期の半額の26億円、単年度収支も3億円の赤字という状態でした。着任当初、お客さまは日に日に減少、お先まっ暗状態でスタッフの大半はあきらめモード。ホテルを見限り他地域のホテルや他の業界へ転職していくスタッフもいました。

私も決して好きでホテルの社長を仰せつかったわけではありませんが、やはり、３００人以上のスタッフが働いていましたから、この人たちを路頭に迷わせてはいけないと悪戦苦闘しながら必死に頑張りました。ホテル再建の話を紹介すると軽く2～3時間を超えてしまいますが、主たるテーマではありませんので、本日は波佐見町とホテルに関するエピソードに絞って一部だけを紹介させていただきます。

ホテルの経営再建のため私なりに考えた戦略を一言で表現すると「脱ハウステンボス」です。ハウステンボスに頼らないでも経営的に成立するホテルにしたい。そう決意し、大村市の夢ファーム・シュシュや、佐世保市の相浦にある佐世保魚市場、雲仙温泉などとのジョイントを模索している中で、波佐見町との交流が始まりました。私のホテル社長在任中の波佐見町は、いまほど注目されてはいませんでした。

現在、日本の窯業の生産量は生活様式の変化や中国などとの価格競争の影響もあり最盛期の1／5程度になったといわれています。波佐見町は陶磁器の産地といわれながら、長崎県内はともかく全国的には無名に近く、知る人ぞ知る状態で、地域で働く人からも自虐的に「もう駄目ですばい」とか「もう窯業は終わりました」といった声をよく耳にしました。

そんな時に、ある会合で「波佐見町は第2の湯布院町と呼ばれる日が来る」と発言したものですから誰もが「え?」というような顔をされました。「この男は何を言いだすのか」と不思議そうに私の顔をまじまじと見られたのを昨日のことのように覚えています。なぜ私が「波佐見町が第2の湯布院町になる」といった大胆な発言をしたかということですが、それは地元の方々との交流を通じ「この町は必ず変化していく」という確信を持てたからです。

じつは、波佐見町に「朝飯会（チョウハンカイ）」というユニークな「集まり」があります。ホテル在任中は、毎回欠かさず出席していましたが、この会は、毎月第1土曜日に朝6時からおこなわれます。朝6時からですよ。いまは福岡に住んでいますので、毎回参加というわけにはいかなくなりましたが、それでも数カ月に一度、午前3時半に起床し、福岡からその朝飯会に参加しています。

きっかけは社長を拝命してから数カ月後のある日、福岡でおこなわれた友人の会社設立パーティで出会った波佐見町の人々から「チョウハン会があるから参加してみないか」と誘われたことでした。「チョウハン会って博打の会かな?」などと勝手に想像しながら、ホテル経営の苦しさに悩んでいた時でしたので、気分転換になればと軽い気持ちでカーナビを頼りに波佐見町に出向きました。

当時の朝飯会は、現在の参加者の半数以下の概ね20人前後でしたが、とにかく参加者がユニークで発言もいいたい放題、ハチャメチャなことも含め何でも自由自在。笑い転げて「夢」を聞いたりしているうちに、きっとこの町は大きく変化する、40年前の湯布院町そっくりだ。「第2の湯布院町になる可能性があるな」と感じた次第です。

波佐見町には、有名な山や川があるわけでもありません。長崎県で唯一海に面していない地域です。しかも、当時の波佐見町では、朝飯会に参加する人々を陰で、「あの人たちは変わり者だよ」と噂し「あの人たちと付き合わないほうがいいよ」というアドバイスを下さる方も…。そのくらい朝飯会への評価は冷めたものでした。

だけど皆さん、ここが大事なところです。変化ですね、やっぱり変わらないとダメなのです。何らかの事由で停滞している地域や会社などこそです。変化を好まない人々からどのように評価されようと、変化できる人が率先して行動しなければ変わりませんよ。今までと同じようなことをやっていたら変われないのです。私は波佐見町に何度か足を運んでいるうちに、波佐見町在住の変人と評される方々との交流を通じて「波佐見町は変化できる」と強く感じました。「これは本当に変わっていくぞ。湯布院町並みになる」と考えたゆえんです。

⑵先人の教えの大切さ
――二宮尊徳の教えと「五常の徳目」

挨拶と掃除の徹底で駅が見違えるように変わったとの評価をちょうだいした博多駅長時代、赤字からの脱却に奔走し苦しかったホテル時代に私を支えてくれた哲学というとやや大げさですが、導きの指針についてご紹介したいと思います。

私は福岡市の教育委員を拝命している関係で、いま、来年から始まる小学校の教科としての道徳で、どの教科書を採用すべきか一生懸命勉強している最中なのですが、二宮尊徳を紹介している教科書会社もあります。この会社の教科書が採用されるか否かは分かりませんが…昭和40年ぐらいまでは日本の小学校の校庭には、必ず薪を背負って本を読む、二宮尊徳の銅像がありました。

彼が素晴らしい教えを私たちに残してくれています。

「道徳を忘れた経済は罪悪であり、経済を忘れた道徳は寝言である」

彼の教えを分かりやすく言い換えると「経営理念のない会社がおこなう経済活動は時に罪まで犯すようになり、利益も出ていない会社の経営理念は法螺《ほら》である」ということです。経営に携わる者はこの道理を疎かにしてはいけません。1年近く、監査法人と有価証券報告書の件で対立し、世間を騒がせている某メーカーの経営者は二宮尊徳の教えを忘れてしまったということでしょうか？

もうひとつ皆さんに知っておいていただきたい先人の教えを紹介したいと思います。それは「五常の徳目」です。儒教ですから、女性蔑視とか為政者に都合のよい教えといった批判があるのは事実ですが、精神を知っておいて損はないと思いますので、紹介させていただきます。

「五常の徳目」というのは、「仁、義、礼、智、信」です。「仁」というのは優しさ・思いやりで、キリスト教では「愛」に、仏教では「慈悲」にあたり、万徳の本（もと）です。「義」は正しい行い、「礼」は礼節、「智」は正しいかどうかの判断ができる力、「信」は信用・信頼です。

江戸時代には庶民でも理解できるように南総里見八犬伝の中で「仁、義、礼、智、信」を紹介しています。従って日本人だけにしか当てはまらない道徳だと思われる方がいらっしゃるかもしれませんが、そんなことはありません。私は韓国や中国の人々との会話の中で、意見が異なり対立することに陥った場合、「五常の徳目」を例に出してきちんと主張してきました。そうするとうまくことが収まった体験を何度もしました。国籍が違っても、道徳の基本は共通、普遍的なものだと思います。

また外国の方とお付き合いするとき、十人十色であることを忘れてはいけないと思います。韓国人だから、中国人だからという捉え方は危険ですが、そういう傾向が強いのではないでしょうか。「みんなちがって、みんないい」ということが大切なのです。

私の故郷の山口県の出身に金子みすゞという詩人がいます。代表作に『私と小鳥と鈴と』があり、その一節に、

「私が両手をひろげても、お空はちっとも飛べないが、
飛べる小鳥は私のように、地面《じべた》を速くは走れない。
私がからだをゆすっても、きれいな音は出ないけど、
あの鳴る鈴は私のように、たくさんな唄は知らないよ」

とあります。「鈴と、小鳥と、それから私、みんなちがって、みんないい」、これに尽きると思うのです。外国の方と付き合う場合、みんな一律ではないことを忘れてはいけないのです。

(3) ホテル経営のあり方
――「感動提供業」との自覚と波佐見ウォーキング

私は、世の中に存在する職業は、戦時の軍隊以外、公務員を含めすべてが、人々に感動を提供し対価を得る感動提供業、すなわちサービス提供業だと考えています。

ずいぶんと話題がそれましたが、当時ホテルのスタッフに呼び掛けたことを紹介したいと思います。社長就任時から終始一貫スタッフに声を掛け続けたのは「お客さまありきだ」「まずお客さまのことを考えてほしい」ということです。

このようなことがありました。ホテルの社長に就任して2週間目の7月初旬に台風が襲来。結婚式と披露宴を引き受けていた当日のことです。前日からの暴風雨で、バタバタと小枝や木の葉が落ち、一般道からホテルの敷地に入るまでの通路も足の踏み場もないくらいの状態になっていました。もちろん私は早朝からホテルに出向き、率先して枝や木の葉を拾ったり、通路を掃き清めたりしていたのですが、挨拶をかわすだけで「私たちに任せてください」というスタッフは残念ながらほとんどいない状態です。新人社長があまりに可哀想だということで総務関係の何人かが、箒を持って駆けつけてくれ、何とか時間前までに最低限の通路を確保したものの「君たち、ホテルマンというのは本来、感動提供業のはずだよ」「感動が提供できないような人はホテルマンとしての資格がない」と叱責しました。

結婚式は2回も3回もする人もいますが、通常は一生に一度の大イベントです。「一生に一度の記念の日に、自分が進もうとする通路が小枝や木の葉で塞がっているような状態をみて嬉しいと思われるだろうか?」「厳しい条件の中で、私たちの結婚式のため通路をきれいに確保してくれていたとお客さまから感謝していただけるチャンスではないだろうか?」と問いかけたのです。しかしながら、着任して2週間ぐらいですから、スタッフからまだ全面的な信頼も得られておらず、反応もさめたものでした。その時、ホテルに限らず赤字経営の会社では、あきらめや脱力感が先にたち、お客さまのための前向きな行動がなかなかとれにくいことを学びました。

「理念が浸透していない会社が行う経済活動は正しいことがおこなえず、利益も出ていない会社の経営理念は法螺である」ことを身をもって学んだわけです。

ホテルの勤務はわずか2年間でした。その間、効率的にひとりで何役もこなせるよう配置転換を実施しましたが、人員整理はおこないませんでした。ホテル業は、人件費のウエイトが高いものですから、赤字を黒字にするためには人員整理をすれば比較的簡単に黒字になるケースも多いといわれています。しかし、その方法では成功は長くは続かないと確信しています。私が経営再建のために採った方法は、お客さまに喜んでいただける接客サービス、それから料理の質の向上でした。

波佐見町から多くのことを学び、また助けていただきました。朝飯会のリーダー的存在の西海陶器の児玉会長夫妻はじめ波佐見町の皆さまのご支援で「陶芸教室」や「おもしろ炭焼き体験塾と梨狩り」といった企画を実施、窯業の窯で焼くシュークリーム作り教室では、細長くしたシュークリームを「シュー棒」と名前を付けて売ったりもしました。それから、「星空観察と森の声を聞いてみるナイトツアー」など……。

皆さん、夏休みにはぜひ波佐見町に行ってください。あかね天文台（ドーム）という所があります。中野さんという方が個人所有されているドームには大きい天体望遠鏡が設置されています。あかね天文台に向かうためには山道を３００mぐらい登りますが、夏休み中のホテル宿泊の子どもたち用に天体望遠鏡で星と月を観察してもらうプランの中に昆虫採集を追加しました。山道を歩いて登っていく間に、クワガタなどの昆虫採集を子どもに体験してもらったのですが、子どもたちが「ウワー」と喜ぶのです。そのようなお客さまに喜んでいただける企画を波佐見町の方々の協力と支援を得ながら数多く実施しました。こうしたプランの積み上げと経営理念を理解してくれたスタッフの頑張り、ＪＲ

九州本社の支援などで、社長就任時に3億円の赤字だったホテルを退任時にはなんとか千5百万円の黒字にすることができました。

波佐見町との出会いがなかったら私自身ノイローゼになっていたかもしれません。感謝の気持ちもあり波佐見町のためできる限りのお手伝いをしようと今日まで活動してきたつもりですが、今回の講義にあたりあらためて過去を振り返ってみると、誇れることはほとんどないことが分かりました。

ただJR九州の駅はないのに、ホテル再建のため一緒に汗を流した盟友の古川徹君や清水雅弘君と波佐見町でのJR九州ウォーキングを始めたことは、実施して本当によかったと思っています。西九州地区で開催するウォーキングは1日2百人も集まれば大成功といわれていたのが、1年目は5百人が参加され、2年目以降は毎年千人を超える状態で現在に至っています。JR九州波佐見ウォーキングは、波佐見町のおもてなしに触れ感動される参加者はもちろんですが、地域の皆さまにも喜ばれていますので本当に素晴らしいイベントとして定着したと嬉しく思っています。

当時は全日空ブランドのホテルでしたので、旧知の全日空のスタッフに依頼して、苔玉盆栽作りやピザ焼き体験などを取材してもらい、機内誌『翼の王国』で初めて波佐見町が紹介されました。それも、観光という視点で……。この件だけは、私が働きかけしなかったら実現しなかったのではないかと、自負しています。また、ホテルの社長時代から現在に至るまで、講義や講演を依頼された場合は、必ず波佐見町と対馬市の紹介をするよう心がけています。どちらも地域おこしをお手伝いした縁があるからですが、波佐見町の場合、「明るさ、情け深さ、おもてなしの心」が他地域に比べ一段も二段も上のレベルにあり、自信をもってお薦めでき、実際に訪問されたお客さまに感謝いただけるからです。

これからの時代、売れる商品は時間の消費ができるもの、すなわち、時間という名の商品だとさまざまな業界でささやかれています。いい換えると、楽しい時間が過ごせるものが商品となるということです。ですから有名な山や海、寺社などの観光資源は存在しなくても波佐見町は立派な商品になると睨んでいます。

2．観光産業の動向とサービス

(1)観光産業が注目され始めたのはなぜ？
——いまやトヨタ自動車なみの売り上げがある観光

ところで、観光産業が注目され始めたのはなぜかというと、ズバリ経済活性化に有効だからです。人口が一人減ると年間で概ね１２０万円前後の消費が減るといわれています。人口増が見込めない我が国は遅かれ早かれほぼすべての地域が人口減となり税収確保がむずかしくなり、公的なサービス低下は免れなくなると見込まれています。この対策として有効な手法が交流人口を増やすこと、すなわち観光で収入を確保することだといわれています。

観光による経済効果は観光庁が毎年公表していますが、その額は　世界のトヨタの売り上げと遜色ない25兆円となっています。全体的な数字はともかく、外国人に年間10人ぐらい来てもらうと、大体、人口が1人減った分は賄えると覚えておいてください。厳密にいうと1人分の減収を賄うには、２０１６年観光白書のデータを基に試算すると外国人8人、国内旅行の宿泊が26人、日帰りが78人となるのですが、数字は年によって変化しますので、概ね「10人と30人と90人、１：３：９」と頭に入れておくとよいと思います。

私は今日、福岡から来ましたが、博多駅で見ていますと、駅構内・コンコースを歩いている10人に1人か2人は間違いなく外国の方ですね。いま、福岡の中心街は本当にすごいことになっています。私は観光庁認定の「VISIT JAPAN大使」を仰せつかっています。皆さんがご存じと思われるVISIT JAPAN大使には俳優・映画監督として活躍中の別所哲也さんや、世界的デザイナーのコシノジュンコさんなどがいらっしゃいます。

お二方のような著名人ではありませんが、私は地道にインバウンド（訪日外客）の受け入れのための活動を自分のできる範囲でやらせていただいております。

国の経済政策の多くが、計画どおりの結果が得られにくい中、観光政策は思いのほかうまくいっているようです。したがって観光庁の評価があがり、２００８年10月にスタッフ約１００人でスタートしたものが、現在は２６０人まで増えています。

観光庁発足後の功績は数多くありますが、地方にいてありがたいと思う功績をふたつに絞ってお話しすると、バラバラだった観光統計が統一され、データ比較が可能となったことと、縦割り行政で今までたらい回しでやっていたことがワンストップサービスでできるようになったことだと思います。

いま、各地の地域づくりとしてＤＭＯに力が注がれております。欧米では広く導入されている観光地経営のことで、Destination Management/Marketing Organization の頭文字を略したものです。波佐見町は政府にＤＭＯとして登録はされていませんが、日本の中では比較的早くから行政・民間が共同歩調をとって地域づくりに取り組んできた成功事例ではないかと考えています。

(2) 大きく変化した「観光マーケット」
——「感動付き付加価値」という製造業的な発想が大事

図表1　現在のお客さまの行動パターン

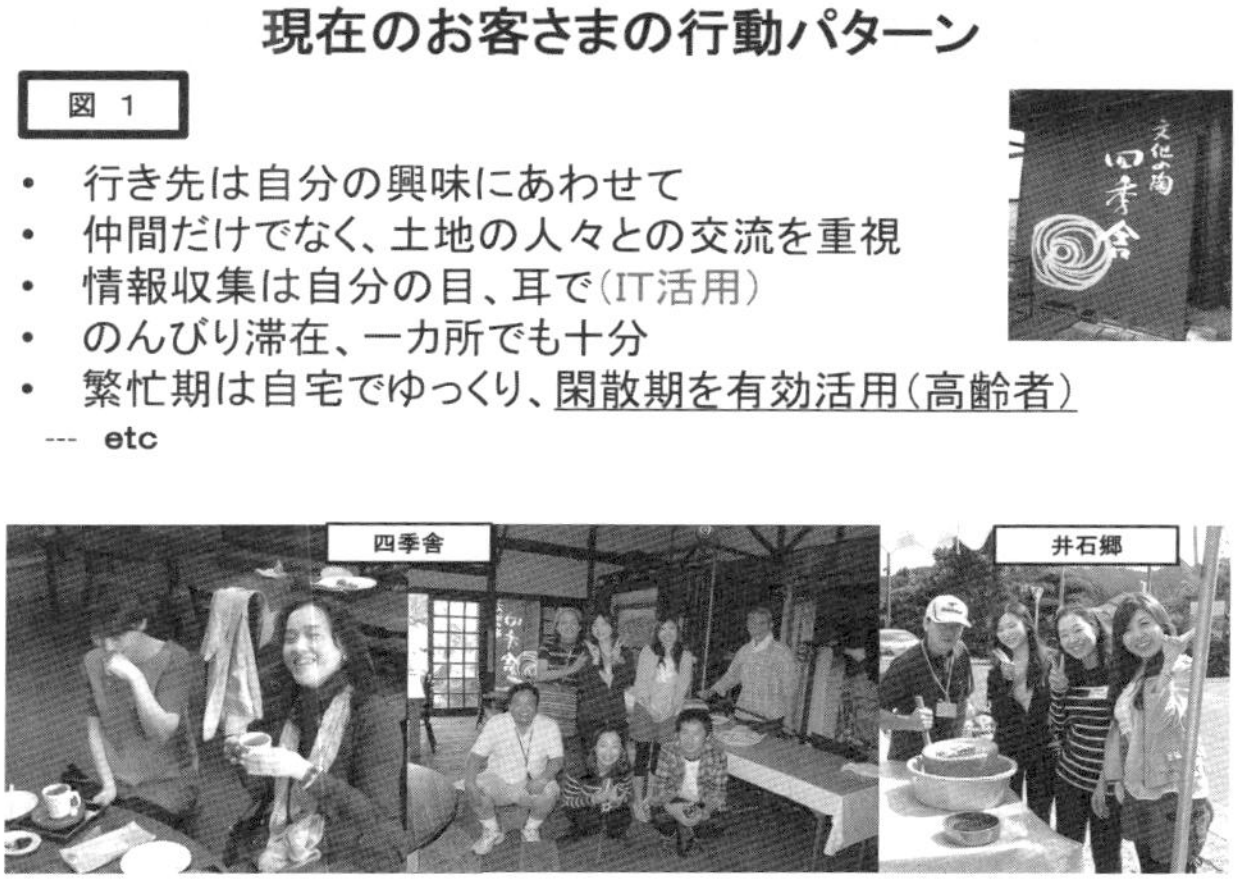
現在のお客さまの行動パターン
図 1
・行き先は自分の興味にあわせて
・仲間だけでなく、土地の人々との交流を重視
・情報収集は自分の目、耳で(IT活用)
・のんびり滞在、一カ所でも十分
・繁忙期は自宅でゆっくり、閑散期を有効活用(高齢者)
--- etc
四季舎
井石郷

21世紀、観光マーケットは大きく変化しました。20年前まで、５Sがそろっていないと成功しないといわれていました。５Sとは何か？全部英語のSが頭文字で、観光(sightseeing)、買物(shopping)、太陽（sun)、海（sea)、セックス（sex)。この5つがないと駄目といわれていたのです。ところが、いまはセックス産業なんかでにぎわっていた所は全部つぶれています。それと、20年前の観光客の行動パターンは、有名観光地を巡る、仲間内で行動する、情報収集は旅行会社から行う、効率よく巡る、ハイ・シーズンに集中する、ことでしたが、いまはもう、情報収集は自分の目でＩＴを活用して、友人・知人のＳＮＳなどを通じておこないます。そういう時代になっています。

それから、すべてのビジネスは感動提供業だと先ほどから何度もいっていますが、「客」、「お客」、「お客さん」、「お客さま」、呼び方ですべて違うのです。これは学生の皆さんには理解してもらうのが難しいと思います。実際に現場に身を置いてみないとなかなか実感できないものですが、お客さまに選択していただくには付加価値が必要であり、サービス業においてはとりわけ、お客さまの期待を上回る行為や価格などによって生み出される感動、この「感動付きの付加価値」が大切なのです。

私は最初、国鉄という公社に入社し、限りなく官に近い世界に身を置いていました。厳密にいうとちょっと違いますが、1987年までは、官に近かったのです。半官半民のような組織だったのですが、そのころは「客」といっていたのです。時間はかかりましたが、いまJR九州・グループは全スタッフが「お客さま」といえるようになっています。感動付きの付加価値は、お客さまの期待をよい意味で「裏切る」行為が大事ではないかなと思います。

マニュアル頼みだけではなく、付加価値を作り込むという製造業的な発想にたって行動することが重要ではないでしょうか。

(3)正しいサービスは？
――さりげない気づかいがいちばん大切

接客業に必要な学問は心理学といわれています。ぜひ皆さんも勉強していただきたいと思います。はい、ではここで皆さんに質問をします。

3世代6名のご家族がお客さまとして、例えばホテルオークラのフロントにお見えになったとします。さて、インターンシップで、皆さんがホテルに勤めたつもりになって答えてください。「あなたが最初に荷物をお預かりするのは、どの方からですか」という質問です。

①60代の両親、
②30代の夫婦、

③がおじいちゃんから見れば孫にあたる5歳と3歳の子ども。
アジア地区の方に質問すると、ほとんどの方が1番です。儒教文化の影響ですかね。

2番を選んだ方は、意外と経営的センスがあるかもしれないですね。どちらの会場でももっとも少数派です。人と異なる意思表示ができる人こそ名経営者と評価されている場合が多いのではないかという根拠のない私見ですが……。

じつは、正解は3番です。「え？　本当？」と不思議に思われたあなたの判断は正しいです。ホテルの専門学校では、「子どもが喜ぶと大人が皆喜ぶから」という表向きの理由で3番と教えていることが多いのですが、私の答えは違います。一番疲れている人を見極めその人の荷物を預かる。だから全部が正解です。

では、次にいきます。これもホテルの場面です。車椅子をご利用のお客さまからホテルを利用したいと申し出がありました。あなたが旅行会社の窓口業務担当者だとして、最初にホテルに確認するのはどれですか。
①バリアフリーの部屋があるかどうか。
②バリアフリーの風呂があるかどうか。
③エレベーターがあるかどうか。
答えは①～③すべてです。どれひとつ欠けても駄目ですね。「それは早く言ってくれよ」といわれるでしょう。「いくつ選んでもよいというなら手を挙げたよ」と……。

では、次にいきましょう。映画館のチケット担当という設定です。60歳ぐらいの女性二人連れのお客さまがチケットの購入にみえました。「あなたはどの席のチケットを優先的にご案内しますか」とい

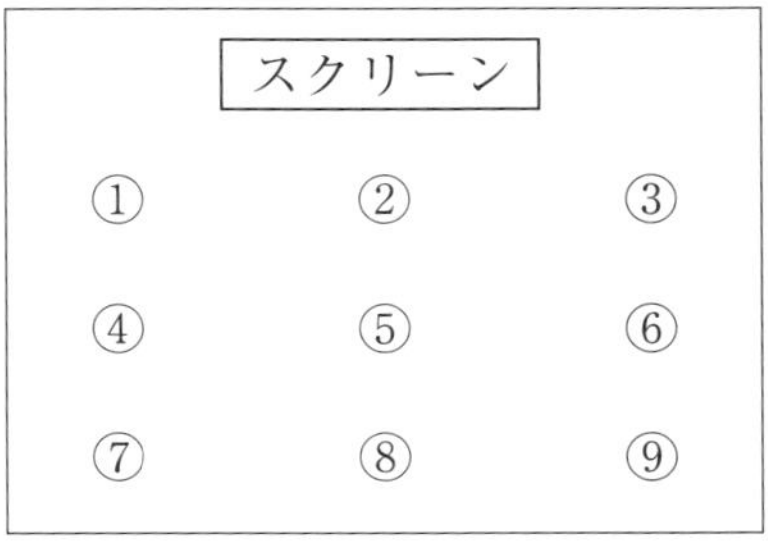

う質問です。1番から9番まであります。上映開始まであまり時間がありません。

一般的には⑤と⑧がいちばんいい席です。ところが、ここでの問題やポイントは何ですか。誰か言えますか。

【会場の学生から「何かあったときにすぐに出られるかどうか」】

ああ、そうですね。何かあったとき。その答えも正しいです。正しいのですが、実は60歳ぐらいの女性というのがミソです。皆さん、おじいちゃんやおばあちゃんと一緒に住んでいたら分かると思いますが、夜中に1回ぐらいおしっこで起きてこられると思います。トイレが近いのです。本当は、2時間ぐらいの映画だから大丈夫なのですが、ひょっとしてトイレに行きたくなって皆さんに迷惑をかけたらいけないと思って真ん中を遠慮される方が多いのです。だから上映中にトイレに行って、戻ってくるときに他のお客さまの迷惑にならない席を案内するのが正解。サービス業というのはそういうことなのです。さりげない気遣い。これが大切なのです。

集客に成功している地域の共通点は何か?

私はこれが今日一番訴えたいことで、私の持論の最たるものです。人気のお店や地域の共通点は働いている人や住んでいる人が夢を持っているところ。そして、おもてなしの心があって、おいしいものがあって、清潔である。特にトイレですね。それから、見どころもある（花、華がある）。それから、交通がやっぱりある程度便利じゃないと駄目ですね。南極に行きたいと思っても、南極はなかなか行けませんよね。それと、正確な情報が得られる所。今、私が説明した地域やお店と正反対の所には行かないです。行きません。

3．Destinationとして成功するための要因―「湯布院町」の成功例

由布院まち興し三羽ガラスが提唱した「別府と同じじゃダメ」

ここで集客に成功している地域である湯布院町についてお話ししたいと思います。湯布院という表記ですが、湯布院はもともと「由布院」でした。由布岳の由布です。由布院と湯平が合併し湯布院という字を使い始めたのですが、現在は、さらに庄内が一緒になって由布市になりました。紛らわしいので、今は平仮名で「ゆふいん」と表記している場合もあります。ＪＲ九州の駅名は「由布院」ですが、駅名標は「ゆふいん」と平仮名を使用しています。冒頭でお話ししたように本日は、固有名詞の「由布院」以外は、「湯布院」表記とさせていただいております。

それはともかく、観光地として成功するには、観光資源がある、移動する間の快適性がある、目的地での回遊可能な範囲の広がりがある、魅力ある商品（特産品や土産など）が存在する、観光資源に付随した施設が充実していることなどが必要といわれています。

Gold Missという言葉を聞いたことがありますか？　Gold Missは、韓国のお金持ちの女性のことを指します。年齢は35歳前後の独身で、年収は5百万円以上あり、可処分所得を全部使える人々のことです。湯布院町は彼女たちからも「温泉（露天風呂）、宿、自然という観光資源が三拍子でそろっており日本の観光地のイメージに一番近い」と評価されています。韓国でも露天風呂はあこがれの対象となっており、とくに由布岳を朝霧のかなたに見ながら風呂に入る気分は韓国では味わえない贅沢だといわ

れています。日本らしい着物や浴衣を着て歩けるとか、下駄とか、湯けむりが上るとか。それから、アクセスも比較的便利。そういったところが湯布院町の愛される理由ですね。でも皆さん、湯布院町は、一日で今日のような湯布院町になったわけではないのです。九州横断道路が開通した1964年以前の湯布院町は本当に山の中の田舎の温泉地でした。

昔、湯布院町のことを何といっていたか知っていますか。奥別府といわれていたのです。別府の裏側。そのくらい田舎の温泉だったのです。由布院駅では1日に100~200人ぐらいのお客さましか降車されない時もありました。湯量は昔から豊富でしたが、当時は地価も安かったのです。ところが現在は、土産店が並ぶ「湯の坪街道」という一帯は地価が高くなりました。地価が高いということは取引が多くあるということです。お店がどんどん変わる。レストランや雑貨店などがたくさん出店してきます。その分弊害もあるようですが、女性に人気があるということを示しています。

皆さんは油屋熊八という人の名前を聞いたことはありますか？　この人は「山は富士、海は瀬戸内、湯は別府」のキャッチコピーを生み出し、別府を育てた恩人です。別府駅前に万歳した人の像が立っていますが、この人の別荘が「亀の井別荘」で由布院温泉でも別格の高級旅館の一つと評価されています。

そこを経営している人が中谷健太郎さんです。今はご子息に譲られたので亀の井別荘のオーナーだった方という紹介が正しいのですが、1971年に由布院温泉若手の三羽ガラスといわれた志手康二さん――もうこの方は亡くなっていますが、夢想園という旅館の経営者でした――、溝口薫平さん――由布院玉の湯の経営者（観光カリスマのお一人）――、それから中谷健太郎さんの3人がドイツに勉強に行かれたわけです。その時に、「ああ、これは今からは別府と同じようなことを売っちゃいかん」と悟ら

油屋熊八像

れた。やっぱり自分たちで努力しようということで牛喰い絶叫大会やゆふいん音楽祭、そういったことを企画しマスコミや芸能人などを集めて心に残るイベントを始められたのです。

地域の皆さまの努力もあり、湯布院町には都会から文化人が大勢いらっしゃり宿泊される。中谷健太郎さんや溝口薫平さんは、車座になって交わした文化人とのやりとりを後輩たちに教え込んでいかれる。こうした努力で湯布院町は変わっていきました。

それから、ＪＲ九州です。ＪＲ九州はつい先日の日田市の大水害で鉄橋が流され、観光特急「ゆふいんの森」はしばらく博多駅から久留米駅経由では由布院駅に行けなくなり、日豊

ゆふいんの森（列車）

本線から大分駅を経由して行くように変わりました。写真が「ゆふいんの森」です。由布院駅は日本では最初の改札口がない駅ですね。素敵な駅を造りました。設計は大分県出身の磯崎新さんという世界的な建築家にお願いしました。火の見櫓に見立てたランドマークを造ろうとして今の倍の高さにする計画があったのですが、さすがに高すぎるということで最終的に今の高さに落ち着きました。高さは半分に下げましたが、駅舎の中に美術館やイベントホールを造るなど、鉄道ご利用のお客さまだけでなく地域の皆さまにも喜んでいただける駅をめざした結果、全国から視察が殺到するユニークな駅ができ上がりました。

写真の列車の中ですが、実は、最初のころはこの列車の中に美術館があったのです。そう。1両の半分に美術館です。その仕事を私は担当していました。何をしていたのか？　絵画の付け替えをする仕事です。いろいろな有名な方の絵を持ってきて、列車の中に。そして、列車から由布院駅に降りると、列車内と同じ画家の絵が由布院駅に飾ってある。こういうシチュエーションでやっていました。

あと忘れてならないのは、湯布院町が有名になったのは、私の個人的な意見では料理のウエイトも大きいと思います。実は40～50年前まで、「風呂は良いけどね…」と湯布院町は温泉の評価は良かったのです。ただ、料理がおいしくないという評判でした。料理が良くないということで、関西の有名料亭やイタリアなどで勉強された新江憲一さんが中心となって、プロの料理の学習会を立ち上げ、レベルを上げることに努力されたのです。それが全体的なレベルの底上げになったのです。それまでは、家庭料理にちょっと毛が生えた程度という評価でしたから…。

4．是非とも知っておきたい対馬市などの離島の現状
韓国人観光客が10倍増えた比田勝—釜山航路の成功

長崎県立大学ですから公務員を希望されている方も多いと思います。公務員として長崎県庁に就職する人の多くは、壱岐、対馬、五島などのいわゆる離島勤務を経験しなくてはならないと思いますので、ここで離島のことをお話ししておきたいと思います。

私が離島を知ろうと努力し始めたのはＪＲ九州高速船（株）の社長拝命後からです。ＪＲ九州高速船（株）は２０１１年10月に上対馬の比田勝港と釜山港を結ぶ航路を開設しました。

当時の上対馬町は、国の離島振興法による援助を受けつつも、基幹産業である漁業や林業の低迷、

雇用の場の不足による若者の人口流出、観光などによる交流人口の拡大や会社誘致などの障壁となる高輸送コスト、下水道や医療、教育、情報通信といった生活インフラの遅れなど、本土と同じように安定的に提供されるべきユニバーサル・サービスの受益ができていない状態でした。

東日本大震災の後、韓国の船会社が一方的に運航をやめたため、上対馬の人々から航路の開設を強く依頼され4月～6月にかけ何度も訪問しました。地元の方々と忌憚のない意見交換をしてみると、「ぜひＪＲ九州高速船で運航してほしい」という声が圧倒的。ただ、対馬市の人口は3万人ちょっとです。対馬市から韓国向けの日本人利用は多くは見込めません。韓国人だけの需要が頼みの綱となりますが、韓国人だけの利用で経営的に大丈夫だろうか？　まして定期航路として毎日運航となると……。悩みに悩み、韓国の友人に比田勝～釜山航路の「可能性の見極め」を依頼し、アンケートやヒアリングを実施しました。また、韓国観光公社幹部の親友には無理をいって対馬市まで同行願い、地元の観光資源を評価してもらいました。

その結果、彼ら韓国人有識者の「対馬感」を「知り」私なりの結論を出すことができました。結論は、現状のままでは厳しいものの、今後、宿泊施設や登山道・トレッキングコースなど受入体制を整備することができれば「この航路は十分成算あり！　将来的には厳原港～釜山港航路以上の価値ある宝となる」と……。

市場の将来性が明るいことを「知る」ことができましたが、毎日運航となると船舶数が不足します。4隻保有している船舶のうちの1隻を上架（造船所で保管）していましたので「この船を利用しよう」ということになりましたが、長期間上架していた関係で海上に復帰させるためには2億円という大金が必要でした。超難題でしたが、ＪＲ九州本社の理解で資金調達が可能になり、何とか航路を開設することができました。

それにしても今考えると、よく決心したものだと我ながら感心します。上対馬を初めて訪れた時、歩いている人影が全く見えない。「ああ、これが10年後か20年後の日本の姿かな」と思いました。そんな状況の中で私は、「比田勝港の利用者は5年以内に厳原港を上回る」と地元の方々にお話ししていたことが、3年かからず実現し、法螺ふきと呼ばれず良かったと胸をなでおろしているところです。

いま、上対馬に限っていえば韓国人観光客の増加はビートル就航前の10倍以上となり韓国人でごった返しています。初めて上対馬を訪問した時、夕食のために立ち寄った港近くの料理屋さんは、閉店するか否かの家族会議を開催中でした。当時「少しだけ閉店を待ってください。必ずお客さまが増えますから……」と説得したものが、先日7月上旬にお邪魔した際はスタッフも5人に増え、繁盛していました。また閉鎖間近と噂されていたスーパーマーケットは韓国人のお客さまのおかげで元気いっぱい。レンタカーも1台も存在しなかったのが、今村君という若手のリーダーが現在32台ものレンタカーを保有し経営しています。また、消費税だけが免税となるＴＡＸフリー免税店も土曜、日曜日には1千万円を上回る売上の日もあるとか……。

とにかく上対馬町は航路開設時とは別の町に生まれ変わり、若い人が島にもどって働くなど活気のある町に変化しつつあります。港のターミナルも木造の小屋のような粗末なものからコンクリートのビルに建て替わったばかりですが、すでにいまの倍近くの規模のビルにするとの計画が公表されました。

比田勝港近くの不動産物件は空きがない状態となり、宿泊施設の確保が課題であったものが、新設のホテルが近日中のオープンを目指して建設中です。これもすべて対馬訪問の韓国人観光客による経済効果です。

5. 波佐見町で暮らしてみたいと思いますか？

対馬市、有田町、由布市と比較するとまだ下位だが…

これからいよいよデータを基に、本題に入っていきたいと思います。

図表2　波佐見町の実力は？

A～Dに該当する市町は？　皆さんの予測結果は？

図表 2

市町の候補は

	A		B		C		D		
2016年度	有田町		対馬市		波佐見町		由布市		
平均所得	232万9202円		277万1583円		220万7195円		257万2348円		
全国順位	1606位		789位		1712位		1192位		
世帯年収	世帯数	割合	世帯数	割合	世帯数	割合	世帯数	割合	全国平均
300万円未満	2920世帯	43%	7510世帯	56%	1750世帯	36%	5810世帯	44%	35%
300万円～500万円	2000世帯	29%	3170世帯	24%	1490世帯	31%	3650世帯	28%	26%
500万円～700万円	790世帯	12%	1440世帯	11%	790世帯	16%	1560世帯	12%	15%
700万円～1000万円	750世帯	11%	830世帯	6%	330世帯	7%	710世帯	5%	10%
1000万円以上	240世帯	4%	390世帯	3%	160世帯	3%	440世帯	3%	6%
世帯総数	6820世帯	100%	13380世帯	100%	4830世帯	100%	13080世帯	100%	100%

※2013年住宅・土地統計調査により世帯年収割合を算出

波佐見町の実力や評価順位を対馬市、有田町、由布市との比較で見てみましょう。皆さん、ここのA～Dに該当する市・町はどれでしょう？　市・町の候補は波佐見町、対馬市、有田町、由布市。この4つです。ちょっと30秒ぐらい考えてみてください。

平均所得２３２万円、全国１６０６位。（A）は有田町ですね。それから2番目（B）が対馬市。２７７万円、全国７８９位。「え？　対馬市が上なのか」と思われるかもしれませんが。その次3番目（C）。これが皆さん、波佐見町ですよ。２２０万円、１７１２位。「え？　１７１２位って、日本にいくつ市町村がある中でこの順位なのだろう？」と思われるでしょう。日本全体で１７４１ですよ。後ろを振り向いたら、もうあまりいないです。これが波佐見町の立ち位置です。

では、（D）の由布市はどうなのだ、と。由布市は

波佐見町の実力は？（財政力指数ほか）

データ---国税調査等抜粋、各県統計年鑑

図表 3

	資料	佐賀県			長崎県						大分県		
	年度	有田町	ｼｪｱ	対波佐見	対馬市	ｼｪｱ	対波佐見	波佐見町	ｼｪｱ	基準	由布市	ｼｪｱ	対波佐見
総面積	2015	65.85 ㎢		113.5%	708.63 ㎢		1221.8%	58.00 ㎢		100.0%	319.32 ㎢		550.6%
可住地面積	2015	29.55 ㎢		141.0%	76.92 ㎢		367.0%	20.96 ㎢		100.0%	88.17 ㎢		420.7%
人口総数	2015	20,148 人		135.3%	31,457 人		211.2%	14,891 人		100.0%	34,262 人		230.1%
15才未満人口	2015	2,744 人	13.6%	134.1%	4,122 人	13.1%	201.5%	2,046 人	13.7%	100.0%	4,288 人	12.5%	209.6%
15～64才人口	2015	11,057 人	54.9%	129.2%	16,651 人	52.9%	194.6%	8,556 人	57.5%	100.0%	18,821 人	54.9%	220.0%
65才以上	2015	6,347 人	31.5%	148.7%	10,675 人	33.9%	250.2%	4,267 人	28.7%	100.0%	11,009 人	32.1%	258.0%
転入者	2014	562 人		119.3%	1,187 人		252.0%	471 人		100.0%	1,494 人		317.2%
転出者	2014	683 人		131.3%	1,610 人		309.6%	520 人		100.0%	1,585 人		304.8%
増減	2014	-121 人		246.9%	-423 人		863.3%	-49 人		100.0%	-91 人		185.7%
就業者数	2010	10,138 人		128.9%	15,507 人		197.1%	7,868 人		100.0%	16,405 人		208.5%
1次産業就業者数	2010	427 人	4.2%	109.2%	3,357 人	21.6%	858.6%	391 人	5.0%	100.0%	1,513 人	9.2%	387.0%
2次産業就業者数	2010	3,530 人	34.8%	118.1%	1,910 人	12.3%	63.9%	2,989 人	38.0%	100.0%	2,617 人	16.0%	87.6%
3次産業就業者数	2010	6,166 人	60.8%	140.5%	10,223 人	65.9%	232.9%	4,389 人	55.8%	100.0%	12,715 人	77.5%	289.7%
課税対象所得	2016	18,978 百万円		139.9%	32,732 百万円		241.3%	13,565 百万円		100.0%	35,789 百万円		263.8%
納税義務者数	2016	8,148 人		132.6%	11,810 人		192.2%	6,146 人		100.0%	13,913 人		226.4%
所得・年収	2016	2,329 千円		105.5%	2,772 千円		125.6%	2,207 千円		100.0%	2,572 千円		116.5%
全国順位	2016	1,606 位			789 位			1,712 位			1,152 位		67.3%
県内順位	2016	20 位			5 位			21 位			7 位		33.3%
財政力指数	2014	0.37		97.4%	0.18		47.4%	0.38		100.0%	0.47		123.7%
全国順位	2014	1,028 位			1,524 位			1,006 位			810 位		
県内順位	2014	15 位			20 位			11 位			5 位		
歳入決算総額	2014	9,722 百万円		146.2%	37,101 百万円		558.0%	6,649 百万円		100.0%	18,941 百万円		284.9%
歳出決算総額	2014	9,312 百万円		143.7%	36,436 百万円		562.3%	6,480 百万円		100.0%	18,065 百万円		278.8%

波佐見町の実力は？（納税義務者の年収比較）

図表 4

〇課税対象所得とは，各年度の個人の市町村民税の所得割の課税対象となった前年の所得金額（分離課税の対象となる退職所得を除く。）

雑損控除等地方税法第314条の2の各所得控除を行う前のもの。

出典）総務省『市町村税課税状況等の調（1975～2016年）』･･･課税対象所得

	課税対象所得（千円）										2016年との比較			
市区町村名	1975年	1980年	1985年	1990年	1995年	2000年	2005年	2010年	2015年	2016年	対1995	対2000	対2005	対2010
佐賀県 有田町	8,371,857	14,261,180	16,868,926	21,657,467	25,893,748	22,798,840	19,571,067	18,280,122	18,229,372	18,978,339	73.3%	83.2%	97.0%	103.8%
長崎県 対馬市	10,670,686	20,650,958	27,259,995	34,871,915	44,338,305	45,916,790	39,369,574	30,842,011	31,016,731	32,732,403	73.8%	71.3%	83.1%	106.1%
長崎県 波佐見町	4,017,636	8,346,445	9,802,044	11,595,015	15,035,587	14,064,741	12,553,558	12,208,697	13,040,311	13,565,424	90.2%	96.4%	108.1%	111.1%
大分県 由布市	8,764,678	16,087,670	22,357,998	27,872,979	38,239,355	39,097,015	36,479,843	35,660,838	35,364,012	35,789,090	93.6%	91.5%	98.1%	100.4%

〇納税義務者数（所得割）とは、個人の市町村民税の所得割の納税義務者数。税額控除により納税義務のなくなる者、

及び分離課税の対象となる退職所得に係る所得割の納税義務者数は含まない。

出典）総務省『市町村税課税状況等の調（1975～2016年）』･･･納税義務者数（所得割）

	納税義務者数（所得割）（人）										2016年との比較			
市区町村名	1975年	1980年	1985年	1990年	1995年	2000年	2005年	2010年	2015年	2016年	対1995	対2000	対2005	対2010
佐賀県 有田町	7,010	8,986	8,948	8,934	9,441	8,625	7,964	8,044	7,934	8,148	86.3%	94.5%	102.3%	101.3%
長崎県 対馬市	7,819	11,881	12,671	12,574	14,690	14,524	13,113	11,247	11,468	11,810	80.4%	79.0%	90.1%	105.0%
長崎県 波佐見町	3,623	5,627	5,701	5,627	6,233	5,888	5,631	5,785	6,009	6,146	98.6%	102.1%	109.1%	106.2%
大分県 由布市	7,443	9,825	11,044	10,667	12,444	12,831	13,052	13,626	13,718	13,913	111.8%	106.9%	106.6%	102.1%

	平均所得（千円）										2016年との比較			
市区町村名	1975年	1980年	1985年	1990年	1995年	2000年	2005年	2010年	2015年	2016年	対1995	対2000	対2005	対2010
佐賀県 有田町	1,194	1,587	1,885	2,424	2,743	2,643	2,457	2,273	2,298	2,329	84.9%	88.1%	94.8%	102.5%
長崎県 対馬市	1,365	1,738	2,151	2,773	3,018	3,161	3,002	2,742	2,705	2,772	91.8%	85.6%	92.3%	101.1%
長崎県 波佐見町	1,109	1,483	1,719	2,061	2,412	2,389	2,229	2,110	2,170	2,207	91.5%	90.8%	99.0%	104.6%
大分県 由布市	1,178	1,637	2,024	2,613	3,073	3,047	2,795	2,617	2,578	2,572	83.7%	84.6%	92.0%	98.3%

波佐見町の実力は？（観光消費額＆観光客数）

データ --- 長崎県、大分県統計年鑑抜粋

図表　5

東日本大震災　（単位：千円、人）

			2005 H17	2006 H18	2007 H19	2008 H20	2009 H21	2010 H22	2011 H23	2012 H24	2013 H25	2014 H26	2015 H27
対馬市	観光消費額		10,045,082	10,170,420	10,928,199	11,741,158	10,158,187	10,592,910	9,244,149	12,144,305	13,960,325	14,621,029	16,372,829
	前年	増減	－	125,338	757,779	812,959	-1,582,971	434,723	-1,348,761	2,900,156	1,816,020	660,704	1,751,800
		対比	－	101.2%	107.5%	107.4%	86.5%	104.3%	87.3%	131.4%	115.0%	104.7%	112.0%
	指数		100	101	109	117	101	105	92	121	139	146	163
	観光客数		697,321	724,419	768,527	794,831	690,125	730,818	655,615	865,869	982,653	1,009,651	1,092,868
	前年	増減	－	27,098	44,108	26,304	-101,706	40,693	-75,203	210,254	116,784	27,008	83,207
		対比	－	103.9%	106.1%	103.4%	86.8%	105.9%	89.7%	132.1%	113.5%	102.7%	108.2%
	指数		100	104	110	114	99	105	94	124	141	145	157
波佐見町	観光消費額		1,883,215	1,767,181	2,412,533	2,144,882	2,312,181	2,516,275	1,990,022	3,433,321	2,881,032	3,091,659	3,173,895
	前年	増減	－	-66,034	645,352	-267,651	167,299	204,094	-526,253	1,443,299	-552,289	210,627	82,236
		対比	－	96.4%	136.5%	88.9%	107.8%	108.8%	79.1%	172.5%	83.9%	107.3%	102.7%
	指数		100	96	132	117	126	137	109	187	157	169	173
	観光客数		576,097	542,499	549,491	593,576	592,390	755,744	771,196	793,905	811,089	849,248	936,463
	前年	増減	－	-33,598	6,992	44,085	-1,186	163,354	15,452	22,709	17,184	38,159	87,215
		対比	－	94.2%	101.3%	108.0%	99.8%	127.6%	102.0%	102.9%	102.2%	104.7%	110.3%
	指数		100	94	95	103	103	131	134	138	141	147	163
由布市	観光消費額		16,735,592	17,206,420	17,256,975	14,300,879	13,438,688	13,651,071	14,503,448	13,707,940	14,114,771	15,131,838	12,341,863
	前年	増減	－	470,828	50,555	-2,956,096	-862,191	212,383	852,377	-795,508	406,831	1,017,067	-2,789,975
		対比	－	102.8%	100.3%	82.9%	94.0%	101.6%	106.2%	94.5%	103.0%	107.2%	81.5%
	指数		100	103	103	85	80	82	87	82	84	90	74
	観光客数		4,420,869	4,604,652	4,720,800	4,056,699	3,885,654	3,863,739	3,915,113	3,888,454	3,962,271	3,981,366	4,110,412
	前年	増減	－	183,783	116,148	-654,101	-171,045	-21,915	51,374	-26,659	73,817	19,095	129,046
		対比	－	104.2%	102.5%	85.9%	95.8%	99.4%	101.3%	99.3%	101.9%	100.5%	103.2%
	指数		100	104	107	92	88	87	89	88	90	90	93

２５７万円、１１９２位です。由布市も、湯布院町だけに絞ると私はかなり上になると思いますが、統計上公表されているのは、この数値しかありませんのでこういう形にさせていただきました。離島の対馬市より所得が低いというのはどういうことでしょうか？　これは皆さんで理由を調べていただきたいと思います。

図表３、図表４　波佐見町の実力は？（財政力指数ほか）（納税義務者の年収比較）

　これは財政力指数です。財政力指数で見ると、対馬市は本当に低いですね。全国１５２４位です。これが一般的にイメージされる対馬市に近い数字ではないでしょうか？

　波佐見町はちょっと良くなって１００６位です。それから、次は納税義務者の年収比較です。事業計画などを策定する場合は数字を意識しておくことが大切です。納税義務者の年収比較。何か思いつくことはありますか？

他市町と比較しての「人口減少率」は？

国立社会保障・人口問題研究所データより

図表 6

長崎県は壱岐・対馬・五島などの島嶼が多く人口減少率は九州一高い

波佐見町は周辺市町と比較すると減少率は小さいが---

市町村別人口（2015年　平成27年国勢調査）

	人口総数(人)				年齢区分(人)			年齢区分割合		
市町村名	2015年 H27年	2010年 H22年	増減	率(%)	15歳未満	15〜64歳	65歳以上	15歳未満	15〜64歳	65歳以上
有田町	20,148	20,929	−781	−3.7%	2,744	11,057	6,347	13.6%	54.9%	31.5%
対馬市	31,457	34,407	−2,950	−8.6%	4,122	16,651	10,675	13.1%	52.9%	33.9%
波佐見町	**14,891**	**15,227**	−336	−2.2%	**2,046**	**8,556**	**4,267**	**13.7%**	**57.5%**	**28.7%**
由布市	34,262	34,702	−440	−1.3%	4,288	18,821	11,009	12.5%	54.9%	32.1%

県別総人口と指数（2015年＝100）　　単位：千人

	2010年	指数	2015年	指数	2020年	指数	2025年	指数	2030年	指数	2035年	指数	2040年	指数
全国	128,057	100	126,597	100	124,100	98.0	120,659	95.3	116,618	92.1	112,124	88.6	107,276	84.7
福岡県	5,072	100	5,046	100	4,968	98.5	4,856	96.2	4,718	93.5	4,559	90.3	4,379	86.8
佐賀県	850	100	828	100	803	97.0	775	93.6	745	90.0	714	86.2	680	82.1
長崎県	1,427	100	1,371	100	1,313	95.8	1,250	91.2	1,185	86.4	1,118	81.5	1,049	76.5
熊本県	1,817	100	1,776	100	1,725	97.1	1,666	93.8	1,603	90.3	1,538	86.6	1,467	82.6
大分県	1,197	100	1,169	100	1,134	97.0	1,094	93.6	1,050	89.8	1,004	85.9	955	81.7
宮崎県	1,135	100	1,107	100	1,073	96.9	1,034	93.4	991	89.5	947	85.5	901	81.4
鹿児島県	1,706	100	1,650	100	1,588	96.2	1,522	92.2	1,454	88.1	1,386	84.0	1,314	79.6
九州計	13,204	100	12,947	100	12,604	97.4	12,197	94.2	11,746	90.7	11,266	87.0	10,745	83.0

実は、波佐見町は有田町の下請けから脱しつつあるのです。一部の陶磁器が評価され始めてから、他の市町と少しずつ違う動きになってきたのがお分かりでしょうか？

４市町を比較してみるとピークだったのが１９９５年とか２０００年ぐらいで、それからずっと落ち込んでいるのですが、波佐見町は他の市町と変わった動きになってきています。

図表５　波佐見町の実力は？（観光消費額＆観光客数）

今度は観光消費額。波佐見町と対馬市、由布市の３市町で比較してみましょう。これは県の統計年鑑というのを見ると分かります。

対馬市は２０１１年にＪＲ九州の高速船ビートルが就航を始めてから大幅に増えたのが分かります。過当競争になったこともありビートル就航後、観光収入は約70億円増えました。観光客数も44万人増えました。１人が

周辺市町より人口減少率が小さい波佐見町

国立社会保障・人口問題研究所データ

図表 7

周辺市町&比較対象市町別人口と指数（2010年＝100）　単位:人

総人口	2010年	指数	2015年	指数	2020年	指数	2025年	指数	2030年	指数	2035年	指数	2040年	指数
武雄市	50,699	100	49,299	97	47,695	94	45,938	91	44,132	87	42,268	83	40,269	79
嬉野市	28,984	100	27,679	95	26,373	91	25,012	86	23,640	82	22,242	77	20,796	72
有田町	20,929	100	20,117	96	19,255	92	18,336	88	17,381	83	16,425	78	15,434	74
佐世保市	261,101	100	251,342	96	241,197	92	230,087	88	218,415	84	206,362	79	193,949	74
対馬市	34,407	100	31,025	90	28,202	82	25,418	74	22,784	66	20,292	59	17,938	52
川棚町	14,651	100	14,108	96	13,579	93	12,983	89	12,349	84	11,680	80	11,000	75
波佐見町	15,227	100	14,938	98	14,544	96	14,079	92	13,558	89	12,998	85	12,397	81
由布市	34,702	100	33,657	97	32,411	93	31,066	90	29,702	86	28,326	82	26,900	78

0-14歳	2010年	指数	2010年 年少人口比	2040年 年少人口比	2040年	指数
武雄市	7,410	100	14.6 %	11.6 %	4,654	63
嬉野市	3,907	100	13.5 %	9.8 %	2,035	52
有田町	3,024	100	14.4 %	11.7 %	1,802	60
佐世保市	35,566	100	13.6 %	11.1 %	21,442	60
対馬市	4,837	100	14.1 %	10.8 %	1,940	40
川棚町	2,187	100	14.9 %	11.5 %	1,270	58
波佐見町	2,146	100	14.1 %	11.3 %	1,400	65
由布市	4,504	100	13.0 %	11.4 %	3,063	68

15-64歳	2010年	指数	2010年 生産年齢人口比	2040年 生産年齢人口比	2040年	指数
武雄市	30,304	100	59.8 %	52.7 %	21,211	70
嬉野市	16,960	100	58.5 %	48.1 %	10,006	59
有田町	12,177	100	58.2 %	50.2 %	7,751	64
佐世保市	158,119	100	60.6 %	51.8 %	100,444	64
対馬市	19,435	100	56.5 %	44.5 %	7,990	41
川棚町	8,778	100	59.9 %	51.9 %	5,709	65
波佐見町	9,193	100	60.4 %	51.0 %	6,325	69
由布市	20,132	100	58.0 %	51.3 %	13,811	69

65歳以上	2010年	指数	2010年 高齢化率	2040年 高齢化率	2040年	指数
武雄市	12,985	100	25.6 %	35.8 %	14,404	111
嬉野市	8,117	100	28.0 %	42.1 %	8,755	108
有田町	5,728	100	27.4 %	38.1 %	5,881	103
佐世保市	67,416	100	25.8 %	37.2 %	72,063	107
対馬市	10,135	100	29.5 %	44.6 %	8,008	79
川棚町	3,686	100	25.2 %	36.6 %	4,021	109
波佐見町	3,888	100	25.5 %	37.7 %	4,672	120
由布市	10,066	100	29.0 %	37.3 %	10,026	100

1・5万円程度を使っているという計算になりますね。対馬市の予算は370億円ですから、予算の約1／5見合の観光収入となっています。それから、波佐見町は着実に増えています。私がご縁を持つようになってから、ほぼ倍増しました。波佐見町は頑張っておられるのです。

由布市はちょっと意外かもしれませんが伸び悩んでいます。これは地震や大雨の自然災害の影響が大きいと思いますが…。こういうデータは皆さんもぜひ興味を持って見ていただきたいと思います。

図表6　他市町と比較しての人口減少率は？

次に国勢調査の人口減少率を見てみましょう。波佐見町は2010年（平成22年）から2015年（平成27年）の減少率が2・2%です。壱岐、対馬、五島など島嶼《とうしょ》が多い長崎県は、人口減少率は九州のなかで1位なのです。この事実はよく認識しておかなければいけない

地域ブランドの評価は？

図表8

地域ブランド調査2016＿魅力度上位100市区町村ランキング

順位 今年	順位 前年	市区町村名	都道府県名	魅力度 今年	魅力度 前年	順位 今年	順位 前年	市区町村名	都道府県名	魅力度 今年	魅力度 前年
1	1	函館市	北海道	46.8	51.7	51	39	横須賀市	神奈川県	19.9	22.5
2	3	京都市	京都府	45.1	50.0	52	52	宇治市	京都府	19.7	20.1
3	2	札幌市	北海道	43.6	50.1	53	33	浦安市	千葉県	19.6	24.0
4	7	小樽市	北海道	42.9	42.3	53	72	萩市	山口県	19.6	18.5
5	5	横浜市	神奈川県	41.5	42.6	55	74	宝塚市	兵庫県	19.5	18.3
6	6	富良野市	北海道	38.9	42.4	56	65	美瑛町	北海道	19.4	19.3
7	8	鎌倉市	神奈川県	38.0	40.5	57	46	下関市	山口県	19.1	21.0
8	9	金沢市	石川県	37.1	36.6	57	49	帯広市	北海道	19.1	20.4
9	4	神戸市	兵庫県	37.0	43.4	57	92	千代田区	東京都	19.1	17.0
10	**10**	**別府市**	**大分県**	**33.8**	**35.3**	60	43	輪島市	石川県	19.0	21.8
11	12	日光市	栃木県	31.0	30.9	**61**	**62**	**熊本市**	**熊本県**	**18.8**	**19.4**
11	**13**	**屋久島町**	**鹿児島県**	**31.0**	**30.6**	62	74	白浜町	和歌山県	18.7	18.3
13	25	新宿区	東京都	30.7	27.1	62	97	米沢市	山形県	18.7	16.8
14	**21**	**福岡市**	**福岡県**	**29.5**	**28.3**	62	120	下呂市	岐阜県	18.7	14.7
15	11	軽井沢町	長野県	29.2	34.7	65	47	会津若松市	福島県	18.5	20.9
16	15	石垣市	沖縄県	28.4	30.0	**66**	**79**	**鹿児島市**	**鹿児島県**	**18.4**	**17.9**
16	**23**	**長崎市**	**長崎県**	**28.4**	**27.7**	67	52	与那国町	沖縄県	18.3	20.1
18	13	熱海市	静岡県	28.3	30.6	68	52	松江市	島根県	18.2	20.1
19	38	尾道市	広島県	27.3	22.7	68	58	飛騨市	岐阜県	18.2	19.5
20	30	箱根町	神奈川県	27.0	25.1	68	103	松阪市	三重県	18.2	16.3
21	22	伊勢市	三重県	26.4	28.0	**71**	**86**	**奄美市**	**鹿児島県**	**18.1**	**17.5**
21	27	伊豆市	静岡県	26.4	26.5	72	84	千歳市	北海道	17.9	17.6
23	37	登別市	北海道	25.5	22.8	73	51	石狩市	北海道	17.8	20.3
24	32	渋谷区	東京都	24.9	24.4	74	76	十和田市	青森県	17.6	18.2
25	18	仙台市	宮城県	24.6	28.7	74	70	茅ヶ崎市	神奈川県	17.5	18.7
26	31	名古屋市	愛知県	24.5	24.6	**76**	**81**	**阿蘇市**	**熊本県**	**17.4**	**17.8**
27	16	姫路市	兵庫県	24.2	29.7	76	109	白馬村	長野県	17.4	15.6
28	18	旭川市	北海道	24.1	28.7	78	56	浜松市	静岡県	17.1	19.7
29	26	出雲市	島根県	24.0	27.0	78	58	長野市	長野県	17.1	19.5
30	17	那覇市	沖縄県	23.9	29.1	**78**	**84**	**太宰府市**	**福岡県**	**17.1**	**17.6**
31	28	釧路市	北海道	23.7	25.5	**78**	**94**	**由布市**	**大分県**	**17.1**	**16.9**
32	45	目黒区	東京都	23.5	21.3	82	62	小田原市	神奈川県	17.0	19.4
33	36	宮古島市	沖縄県	23.3	23.0	**82**	**81**	**佐世保市**	**長崎県**	**17.0**	**17.8**
34	34	大阪市	大阪府	23.2	23.9	82	98	中央区	東京都	17.0	16.6
35	91	世田谷区	東京都	23.1	17.2	85	57	鳥羽市	三重県	16.8	19.6
36	88	四万十町	高知県	22.9	17.3	85	107	加賀市	石川県	16.8	15.7
37	40	港区	東京都	22.8	22.4	**87**	**117**	**雲仙市**	**長崎県**	**16.7**	**14.8**
38	**87**	**指宿市**	**鹿児島県**	**22.4**	**17.4**	88	88	明石市	兵庫県	16.6	17.3
39	44	逗子市	神奈川県	22.1	21.4	88	94	高知市	高知県	16.6	16.9
40	48	弘前市	青森県	21.8	20.6	90	134	喜多方市	福島県	16.5	14.0
41	29	志摩市	三重県	21.5	25.4	91	112	彦根市	滋賀県	16.2	15.2
41	68	草津町	群馬県	21.5	18.8	92	65	安曇野市	長野県	16.1	19.3
43	42	品川区	東京都	21.0	22.1	92	71	伊東市	静岡県	16.1	18.6
44	41	高山市	岐阜県	20.6	22.3	92	113	平泉町	岩手県	16.1	15.0
45	20	沖縄市	沖縄県	20.5	28.6	95	179	草津市	滋賀県	15.9	11.4
45	24	奈良市	奈良県	20.5	27.5	96	125	文京区	東京都	15.6	14.5
47	35	倉敷市	岡山県	20.3	23.7	97	67	黒部市	富山県	15.5	19.1
47	79	芦屋市	兵庫県	20.3	17.9	97	98	西宮市	兵庫県	15.5	16.6
49	58	松本市	長野県	20.0	19.5	**97**	**106**	**高千穂町**	**宮崎県**	**15.5**	**16.1**
49	88	広島市	広島県	20.0	17.3	97	117	那須塩原市	栃木県	15.5	14.8

株式会社ブランド総合研究所

認知度
魅力度
情報接触
イメージ
観光
居住
産品
を調査分析
由布市が78位
有田、対馬、波佐見は選外

と思います。

周辺の市町と比べてみましょう（図表7）。いかがですか、波佐見町は意外と減り方が少ないですね。なぜでしょうか？　先ほど説明しましたが、平均所得は約220万円です。税金などを除いた部分ですから実質300万円ぐらいあると思いますが、見方を変えるとこの額で暮らせる町、いい町だともいえます。

図表7　周辺市町より人口減少率が小さい波佐見町

初めて波佐見町に行った際、田舎だからびっくりするぐらい空き家が多いだろうと思ったのですが、実はその当時でさえ新築の家がかなりあったのです。これはどういうことかなと不思議に思いました。皆さんはご存じかどうか分かりませんが、日本の家屋の約2割は空き家です。日本の住宅政策というのはちょっと矛盾していまして、2割が余っているにもかかわらず、新しい住宅やマンショ

観光情報誌から「観光地として認知されていない」

図表 9

2016年7月1日
株式会社リクルートライフスタイル

『じゃらん九州・山口人気観光地ランキング』第19回調査結果発表！
人気観光地1位は、4年連続で「ハウステンボス」！
2位「わいた温泉郷（はげの湯・岳の湯・山川温泉）」、3位「指宿温泉」がトップ3に

人気観光地（満足度が高い観光地）ランキング
～2015年に宿泊もしくは日帰りで訪れたことがあり「行ってよかった」観光地*～
第1位（昨年1位）　「ハウステンボス」（長崎県）
第2位（昨年6位）　「わいた温泉郷（はげの湯・岳の湯・山川温泉）」（熊本県）
第3位（昨年7位）　「指宿温泉」（鹿児島県）
…「ハウステンボス」が4年連続1位という結果に。2位の「わいた温泉郷」や、3位の「指宿温泉」をはじめ、昨年から大幅に順位を伸ばしたエリアが多くみられた。　*来訪者100人以上の観光地

●2015年に行った観光地ランキング
～2015年に宿泊もしくは日帰りで訪れたことがある観光地～
第1位（昨年2位）　「別府（別府八湯）」（大分県）…728人
第2位（昨年1位）　「博多（博多駅周辺）」（福岡県）… 688人
第3位（昨年3位）　「由布院温泉」（大分県）… 489人
…昨年2位だった「別府（別府八湯）」が1位に返り咲き。訪問人数も大きく伸ばした。

●2015年に宿泊した観光地ランキング
～2015年に宿泊で訪れたことがある観光地～
第1位（昨年1位）　「別府（別府八湯）」（大分県）… 417人
第2位（昨年2位）　「博多（博多駅周辺）」（福岡県）… 274人
第3位（昨年3位）　「由布院温泉」（大分県）… 234人
…12年連続で「別府（別府八湯）」が1位。上位4エリアのランキングは昨年から変動なし。

●今年泊まりで行きたい観光地ランキング
～2016年1月から12月の間で1泊以上で行ってみたい観光地～
第1位（昨年3位）　「ハウステンボス」（長崎県）… 474人
第2位（昨年1位）　「由布院温泉」（大分県）… 385人
第3位（昨年2位）　「黒川温泉」（熊本県）… 374人
…上位3エリアの顔ぶれは変わらないが「ハウステンボス」が1位に浮上。

ンをどんどん造っている。この空き家を有効に活用したらいいのではないかと対馬市などにお話をしたことがあります。

図表8　地域ブランドの評価は?

それから、地域ブランド評価というのはどうなっているかということですが、先ほど比較していただいた4市町の中では唯一、由布市だけが78位にランクインしています（図表8）。残りの3市町は入っていません。

図表9　観光情報誌では観光地として認知されていない

なぜか。本当はここで時間をかけて考えていただきたいのですが、観光情報誌「じゃらん」の2016年7月公表の九州・山口人気観光地ランキングの調査結果です。満足度が高い観光地ランキングは、1位がハウステンボス、2位が熊本県のわいた温泉郷、3位が指宿温泉、「宿泊した観光地」では、1位が別府、2位が博多、3位が由布院温泉、「泊まり

アンケート中の「地域」の中に選出されていない

図表10

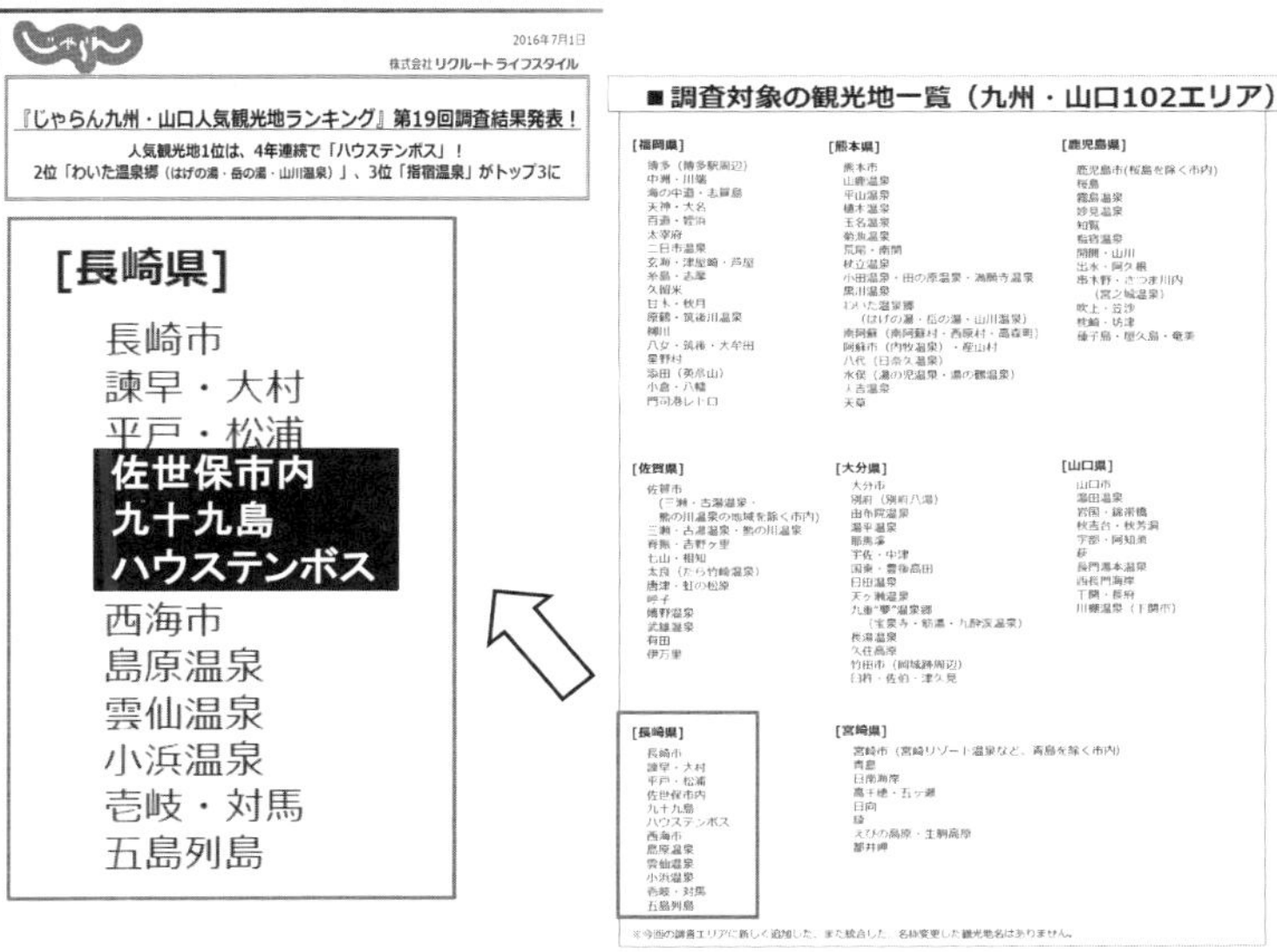

で行きたい観光地」となると、1位がハウステンボス、2位が由布院温泉、3位が黒川温泉となります。波佐見町は観光地と認知されていないのです、残念ながら。

図表10 アンケート中の「地域」の中に選出されていない

悔しいですが認知されていない。図表10を見てください。アンケートの地域の中の、長崎県の中に佐世保市内、九十九島、ハウステンボスはあるけれども波佐見町は入っていないのです。

ここで皆さんに問いです。「波佐見町で暮らしてみたいと思いますか」と。この問いかけに対して、皆さんならどう答えますか？ 暮らしてみたいと思う条件を考えてみると楽しい時間消費メニューが多数存在するか、リピーターを生み出すユニークな価値・魅力は存在するか、という点が肝心だと思っています。

写真左の方が、3の〝Destination として成

中谷健太郎氏（左）と筆者

功するための要因ー「湯布院町」の成功例〃でお話しした中谷健太郎さんです。今年1月に撮った写真です。まだ私が30代のころから町内の人々が親しみと尊敬の念で「健太郎さん」と呼んでいるのに倣い厚かましくも「健太郎さん」とお呼びしてきました。「健太郎さん」は大勢の人の前で演説をされたりすることが大嫌い。でありながら多くの人から慕われている湯布院町を代表する方です。健太郎さんが、後世に残る名言を述べておられます。「観光地はみんな非日常を求めて行くとかいわれているんだが、そうじゃない。過ごしたい日常なんだ。まさに住みたい町なんだ。それこそが本当の観光の究極目的だ」と。

昔、木村尚三郎という東大の先生が、「住んで良し、訪れて良しのまちづくりをしなさい」と指導されましたが、まさにそのことを健太郎さん流に表現されたのだと思います。

6．「成長と進化」の重要性

(1)成長と進化
――パレートの法則とサシミの法則、波佐見の場合

経済界、産業界においては、「成長と進化」というのがひとつのキーワードになっています。進化論

というと自然淘汰説で有名なダーウィン、日曜日の夜にＮＨＫで放映されている『ダーウィンが来た！』という番組をご存じでしょう。往々にして、「弱肉強食」と理解されたりしますが、実はもっとも強い者が生き残るわけではないのです。もっとも賢い者が残るものでもないのです。唯一生き残れるのは変化できた者だと。ダーウィンがいったといわれていますが、本当かどうかは分かりません。

会社とか組織が成長・進化するにあたって、大切なのは人なのです。皆さんのような、人です。一流と呼ばれる企業あるいは会社、学校は人が一流です。人にはいろんな「力」がありますが、魅力とか能力とか胆力、知力、体力などどれでもいいのです。そういう人々の個々のレベルアップが重要なのです。

人間社会というのは、これは講義で習われたかもしれませんが、パレートの法則が作用します。２：８の法則、２：６：２の法則などといわれています。人間が集団に慣れてきたときに、一流といわれている人はいわれなくてもできる人。これが約2割です。いわれて初めてやり始める人、これが大体6割。真ん中ですね。それから、三流というのはいくらいわれてもやらない人、これがやはり2割存在します。どんなに優秀な人ばかり集めてもこういう配列になるそうです。

日本では、『どてらい男（やつ）』という作品のモデルになった山善という商社の山本猛夫さんが、サシミの法則と言っています。３４３の法則。さきほどの２６２をこう言い換えています。皆さんがこのどこに属するかが大事なことなのです。

なぜ、このような話を紹介したかというと、波佐見町の変化に大きく貢献されてきた方々がパレートの法則やサシミの法則に大きく関係していると考えたからです。

それから、グローバル化、自由評価競争時代をどう生きるかという問題があります。

サービス業というのは基本的に感動提供業です。売り上げはお客さまの満足度です。読書、新聞、インターネットを通じての知識だけで結論を出すのではなく、ぜひ現場、現物、現実を知っていただきたいと思います。これは「三現」といわれ実社会で重視されています。言葉だけでなく、行動することを理解しておいていただきたいと思います。

お客さまが求めておられることと、事業者側が提供したもの。このバランス上、悪いところを解消したらビジネスは成功するといわれています。

イノベーション（破壊的変革）が起こった業界は一気に地図が変化します。この「変革」に関しては、実際にはイノベーションが起きた商品などは、ある日突然起こって、ある日突然なくなっていくのです。どの地域や企業にも事実を認めたくない保守的な人がいますが、伝統などをずっと重んじてきた人の中には、伝統がそんなに簡単に崩れるはずはないと思っている人がたくさんいます。波佐見焼の伝統を守る人たちの中にもこういう方が結構いらっしゃいます。

産業で見ると、あっという間に使われなくなった製品がたくさんあります。ビデオカメラや腕時計はスマホで代替されています。ポケットベルなんて、もう死語ですね、今はメールで代替されている。地図もグーグルマップで調べる時代です。

いま、世界中で人工知能が話題になっています。ニューヨークのキャシー・デビッドソンという学者が「アメリカの小学生が大学を出るころ、3分の2はいままでになかった職業に就いているだろう」と述べています。日本はどうでしょうか。601の職業のうち10〜20年後、日本の労働人口の約49％が、就いている職業を人工知能やロボットで代替可能と推計されるそうです（英国オックスフォード大学のマイケル・オズボーン准教授&カール・ベネディクト・フレイ博士）。情報化時代になり、将来このような変化が予想されているということです。

(2) Sharing economy 社会への順応性
——「結い」が残る波佐見は「コストゼロ」社会への順応性が高い

格差社会は貧富の差が激しく、6分の1が貧困世帯といわれています。月10万円以下で暮らしている日本人が2千万人といわれています。本当に大変なことになっています。この結果、必然的にコストゼロに近いビジネス・モデルが成立し始めているのです。欲しいものを買うより、借りるとか交換する行為が増えています。これは「結い」—結ぶといいます—の仕組みに似ています。農村社会によくあったモデルですが、今これに近いSharing economyというビジネス・モデルになってきています。

例えば洋服を購入する場合、これまでだったら、お店まで車や列車で移動し、目的の服売り場に行って欲しい服を探す、それを試着して店員に意見を聞く、気に入ればレジに持って行って代金を支払う、こういう手順となるでしょう。探索や情報コスト、決定&実行に関する費用の「取引コスト」が、限りなくゼロに近づきつつある。不必要なものを他人に提供しようとする場合、スマートフォンが普及するまでは、そのコストは結構高額だったのです。提供しようというものを必要とする人を探すことは極めて困難だったのです。ところが、交換やSharingに関わる一連のこと—出品、代金の支払い、売買システム—はとても簡便かつ安価になりつつあるのです。これまで捨てていたものが社会に流通し始めているのです。これが「コストゼロ社会」の始まりなのです。

ここでも強いのが、私は波佐見町だと思います。「結い」の世界が今なお残っています。これからのSharing economy、波佐見町はその順応性が高いと思います。

7．波佐見町の今後…町民が最大の地域資源

⑴波佐見町の10年間の変化
――よそ者、ばか者、若者がいる着地型観光地

波佐見町と問われてどんなイメージを持ちますか？

皆さんにアンケートをとったらおそらく「波佐見といえば陶磁器の町だろう」とか、「棚田があるだろう」とか、「キャノンの工場ができたよな」とか、「波佐見高校は野球が強いよな」と、こういう感じであろうと思います。

私が波佐見町という所をどう捉えているか、基本的な特徴をお話しします。まず、心と体がリフレッシュできる着地型観光地であることとです。くつろぎの旅を徹底して追求している。旅行とか買い物というのは、私は、目を開けて見る夢だと思うのです。人々のその夢を壊してはいけません。くつろぎの旅の徹底をするということが大事じゃないかなと思います。

次は地場産業である焼き物が競争力を備えつつあること。実は波佐見焼というのは今ものすごく人気沸騰状態となっています。ＪＲ博多シティという駅ビルがありますが、そこの大ホールで２０１５年の1月に初めて波佐見陶磁展を開催したときのことです。どの程度人が集まるか不安で、波佐見町の人から「サクラでいいから50人ぐらい集めとってくれんか」といわれたほどです。それで、私はＪＲ九州・グループのスタッフに「ちょっとその日、博多シティの展示場へ行ってほしい」と頼んでおいたのです。ところが、実際に行ってみるとびっくりです。頼んでいたわけではないのに来場されているのは9割が若い女性でした。若い女性がずらっと整列されていた。びっくりです。「ああ、これがいまの波佐見の人気。力なのだ」と再認識しました。

波佐見町の売り（セールスポイント）というのは、非常にチャレンジ精神が旺盛で、人が優しいし、よそ者・ばか者・若者が絶妙のバランスにあること。これはちょっと覚えておいたほうがいいかもしれません。よそ者・ばか者・若者です。地域をおこす時はこういう人々が大切だといわれています。最初の方で変人ということを説明しましたが、この変人にあたる人がばか者にあたります。熱心にやる人のことです。本物のバカではありませんよ。波佐見町はよそ者・ばか者・若者の絶妙なバランスがあると思います。

波佐見町の中尾郷に「四季舎《しきしゃ》」という所があります。ぜひ皆さん、四季舎に一度行ってみてください。ここから帰路に着くとき、涙を流す人が大勢存在します。畑中夫妻の優しさに触れ「本当に良かったな」ということで…。

次に10年間波佐見町に関わってこられた代表的な人物を少し紹介します。まず児玉盛介さん。お父さんが町長をされた方です。波佐見町の実力者ですね。湯布院町の中谷健太郎さんにあたる人だと思っています。そして今の町長さんである一瀬政太さん。一瀬町長はちょうど湯布院町の溝口薫平（観光カリスマ）さんにあたると思います。

そして深澤清さん。この方はどちらかというと夢を追って生きている方ですが、最初にグリーンクラフトツーリズムというＮＰＯを作られた。今は代表を交代されましたが、なくてはならない人です。井手修身さん、この方はイデアパートナーズの代表で、（株）リクルート出身です。今は全国各地で町おこしのお手伝いをされていますが、ご自身の会社を興して最初に手掛けられたのが波佐見町です。

そして波佐見町の大きな特徴は、多彩な外部の応援部隊が存在することです。政治家や経済研究所の先生、あるいは国・地方の官僚、大学の先生、会社の経営者など本当に多士済々の方が手弁当で波佐見町のために集結されます。まさに「縁尋機妙　多逢聖因」の世界です。

また、もうひとつ忘れてならないのが児玉会長の奥さまなどがリードされている「つんなむ会」という女性の集まりです。本当に元気な方々で料理上手です。私は、ホテルに宿泊いただいたお客さまと一緒に波佐見町を訪れた際、「つんなむ会」の料理が「ホテルの料理よりおいしいです」といわれ、社長としてちょっと恥ずかしかったことがありました。それぐらい、奥さま方が誇りを持って自分のおもてなし料理を作られているということです。

それから、波佐見町は人口4万人の韓国全羅南道の康津（カンジン）郡との交流にも積極的です。波佐見青磁はこの地から伝来したといわれており、鹿児島県の錦江湾をちょうど半分サイズにした海と島々の風景が素晴らしく美しい康津湾がある窯業の町です。波佐見町とは陶磁器という共通項がありますが、海に面していない波佐見と異なりアワビやモズクなどの水産物が有名です。

(2)参考にしたい米国オレゴン州ポートランド
——独身女性が住みやすい住環境の町

アメリカのオレゴン州に、ポートランドというスローライフを過ごすのにちょうど良い街があります。

東部にもポートランドがありますが、西のポートランドです。この都市が波佐見町のまちづくりと同じようなことをやっているのです。これがすごいなと思いますので、少しだけ紹介します。

人口は約60万人、緯度は北海道の稚内と同じですが、暖流のおかげで温暖な気候のため気温がマイナスになることはほとんどないそうです。全米の評価において、環境に優しい都市で1位、公共交通

ポートランドの写真（ファーマーズマーケット）

ポートランドの写真（町の再生）

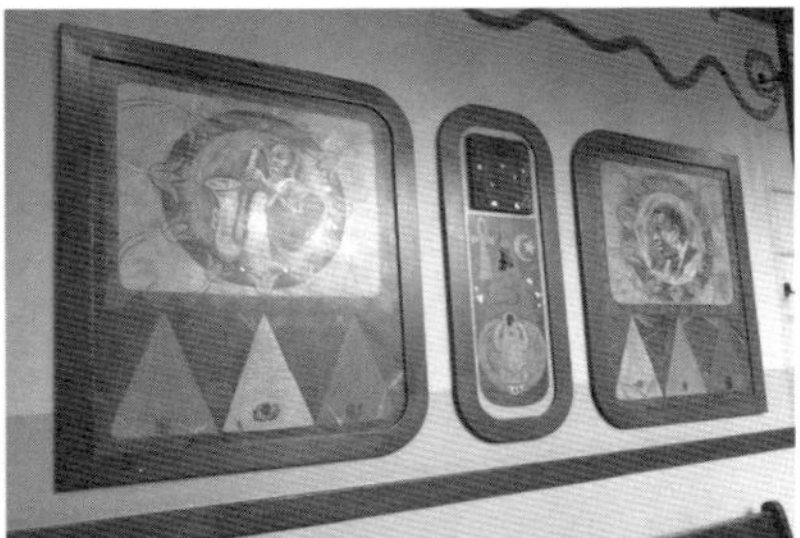

ポートランドの写真（廃校になった学校がホテルに）

機関の整備度で1位、歩行者フレンドリーな町として1位、地ビールがおいしい町として1位など。誰もがいちどは住んでみたいと思う町、独身女性が住むのに適した町といわれています。

視察に行ってたくさん写真を撮ってきましたので紹介しましょう。ファーマーズマーケット、農業市ですね。実は博多駅の駅前広場でもこれを参考にファーマーズマーケットを始めました。2015年5月からです。ポートランドには、日本で見たことがないような野菜がいっぱいありますが、松茸が安いのにびっくりしました。

波佐見町でないものでいうと、ライトレールという市電があるのです。日本では熊本市と富山市がポートランドを参考に一生懸命まちづくりをおこなっています。また、市内バスですが、自転車が運転席の前に積めるようになっています。それから、ワインの産地です。波佐見町にはお茶がありますが…。

そして町が再生されています、古い町がきれいに再生されている。存在していたものを上手にもういちど使い込んでいます。捨てないでですね。古いものですが……。使い込んでいます。

波佐見町に西の原という、素晴らしい地域があり東京や福岡から若い女性がここに来てファッション性の高いグッズなどの商品をたくさん買っていきます。ポートランドにも西の原と同じような商品を扱っている店がたくさんあります。

また海外のお客さまをお迎えするには、フリー Wi-Fi が必要不可欠ですね。ポートランドでは、フリー Wi-Fi の整備が素晴らしく行き届いていました。観光白書の2015年の実績をみると国際会議の開催数は福岡が日本の中では東京、京都に次いで第3位です。福岡が大阪や横浜よりも上位となっているのは国際会議誘致のため、比較的早くからフリー Wi-Fi の整備に力を注いだ結果だと思います。

古い学校、小学校。廃校になった学校をホテルとして使っていました。こんなにきれいにね。ホテルです、学校がですよ。廃校になった小学校の跡地活用は、私も対馬市に提案しましたが、どういうわけかなかなかうまくいかないですね。

(3) 波佐見町の強み&良さ
――人に感動する波佐見町はホスピタリティが強い町

ハウステンボスはホテルオークラの12階から見る風景が一番きれいです。この風景は無料です。皆さん行かれたら「うわー!」「おおー!」という声が出ると思います。ですが、せいぜい15分です。ここでいいたいのは、風景の感動より人で得る感動のほうがすごいということなのです。人こそが最大の観光資源、地域資源です。

それから、予想以上のおもてなしをすると、大ファンになってもらえる。こういうことです。波佐見町の強み・良さですね。それはなによりも、おもてなしの心です。これは全国上位です。じつは皆さん、おもてなしの心という点で、長崎県は全国上位。その長崎県のなかでも波佐見町は断然トップなのです。おもてなしのホスピタリティが強い。そして、よそ者の意見を聞き入れる度量がある。それと、あと波佐見町が強いなと思ったのは、私もそうですが自発的な応援です。手弁当組の応援部隊が多い。

私は波佐見町で初めて講演してほしいと依頼された時、「講演料は?」と問われて、「いえいえ、私は講演料はいりません」と返事をしたら、「いやいや、講演料じゃなくて参加費を払ってもらわないといかん」といわれて気に入りました。こういうところが、やはり波佐見町のすごさですね。

じゃらん宿泊旅行調査2016

図表11

地元の人のホスピタリティを感じた

15年度順位		(%)
全体平均		24.4
1 位	沖縄県	46.5
2 位	長崎県	34.3
3 位	高知県	34.1
4 位	岩手県	33.1
5 位	鹿児島県	32.0
6 位	宮崎県	31.7
7 位	山形県	31.6
8 位	徳島県	30.7
9 位	熊本県	30.5
10 位	北海道	30.3
18 位	大分県	28.5
25 位	福岡県	25.3
39 位	佐賀県	19.1

14年度順位		(%)
全体平均		23.1
1 位	沖縄県	47.2
2 位	鹿児島県	34.3
3 位	岩手県	31.6
4 位	宮崎県	30.8
5 位	青森県	30.6
6 位	長崎県	30.2
7 位	福島県	29.7
8 位	高知県	29.0
9 位	愛媛県	28.8
9 位	熊本県	28.8
19 位	佐賀県	26.3
23 位	大分県	24.4
25 位	福岡県	23.9

長崎県	ハウステンボス、店、商店街、宿
鹿児島県	道の駅、天文館、宿
宮崎県	高千穂、宮崎市、シェラトン、繁華街
熊本県	温泉、阿蘇、道の駅、宿
大分県	温泉、湯布院、別府、道の駅、宿
福岡県	屋台、中洲、天神、博多駅、太宰府、宿
佐賀県	宿、呼子

「とても満足」「やや満足」と答えた人の割合

図表11　じゃらん宿泊旅行調査2016

先ほどお話ししました、じゃらんの「地元のホスピタリティを感じたか」という調査ですが、長崎県を見てください。34・3%（図表11）。結構高いでしょう？　全国平均を10%上回っています。素晴らしいと評価したいところですが、他のアンケート項目の地元ならではのおいしい料理の評価や魅力ある特産品や土産物、あるいは総合的な満足度アンケートの結果を見ると、ほとんどの項目が60%・70%となっていますので、このおもてなし、ホスピタリティは日本はちょっと弱いと言えると思います。逆にいうとホスピタリティが強みだとPRできるようになると圧倒的な競争力を備えたことになります。

図表12　イノベーター理論と似てきた波佐見町の変化

不思議なことにイノベーター理論を当てはめてみると波佐見町の現在の変化が見えてきます。イノベーター理論については、やがて習われると

イノベーター理論と似てきた「波佐見」の変化

図表12

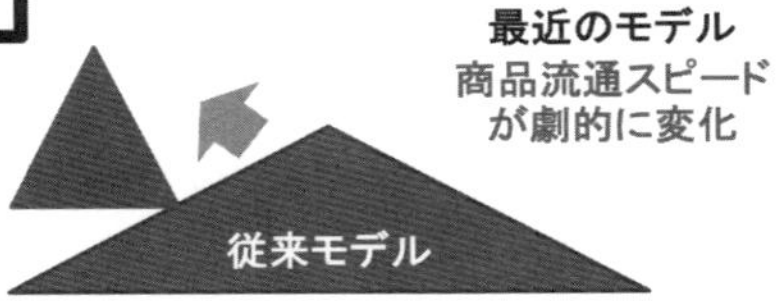

①		②		③
朝飯会 積極的参加 メンバー		中間的立場の人々 朝飯会に興味あり	朝飯会に興味なし	朝飯会に批判的な人々
革新者 2.5% 新商品すぐ購入	初期採用者 13.5% 流行に敏感 オピニオンリーダー	前期追随者 34% 新しいものには比較的慎重、平均よりは早い	後期追随者 34% 新しいものに懐疑的な人々 確証を得て選択	遅滞者 16% 最も保守的な人々 流行や世の中の動きに関心が低い

①に加えて②の層の人々の理解が得られるか？

思いますが、実は波佐見町は随分変わってきました。朝飯会などに積極的に参加している層の人たちが①ですね―イノベーター理論でいうと、新商品をすぐ購入する「革新者」と流行に敏感な人やオピニオンリーダーといった「初期採用者」―。

波佐見町の場合は、一生懸命変化しようとする人々が①で、最近の朝飯会の出席者などを見ると、それが全体で4割ぐらいまで増えてきたかなという感じがします。これが6割までいくと本物ですね。

それから、今以上にすごいと評価されるためにはどうしたらいいのか。やはり利益を出さないといけないと思います。先ほどの年平均所得220万円程度ではいけません。思い切って途中の工程をカットし、利益が出る仕組みに変えていくことも必要です。それから、働く魅力です。

波佐見町には若い人がどんどん集まって来

ています。東京あたりからです。定職についていなかったような人が波佐見町にふらっと来て、そのまま住み込んで働いています。本当にすごい地域だなと思います。一般的には、現代人が不安に思っているのは３Ｋ「健康・経済・孤独」といわれていますので、今後、もっと稼げる波佐見町を実現するためには、３Ｋ対策に力を注いでいくことが大切です。ただ、他の地域も頑張っていますから、お客さまや商品の誘致合戦というか争奪戦が本格的になってきます。波佐見町が独り勝ちというわけにはいきません。現代人がかかえる３Ｋ対策として、今、どんどん市場が拡大している Airbnb や TABICA などの活用も考えていけば、楽しい時間の消費が可能な波佐見町は十分勝負できるような気がします。

それから、緊張感と気概を持って4つのカンを磨こうと訴えたいと思います。関心、感謝、感性、感動を磨こうということです。そもそも関心を持たないと何事につけても形式的な対応しかできません。統計データも有効に活用すればいろんなことが見えてきます。感謝―ビジネスはお客さまのご利用の上に成り立っているのであり、感謝の気持ちがあって初めて自然な笑顔や挨拶・振る舞いができるのです。感性―仕事中はすべての感覚を研ぎ澄ますことが大切です。そして予想以上の厚意が感動を生みます。いよいよ最後は、自分がこの瞬間だったら何をしてほしいかなと感じ取ることです。「もうぼちぼち、講義をやめてほしい」という感じが見て取れるというところで私の講義も終わりますが、そういう感性を持っていただきたいということです。

湯布院を超えるにはなにが必要か

さて、いよいよ最後になりました。「湯布院町を超えることができるか」ということですが、観光業

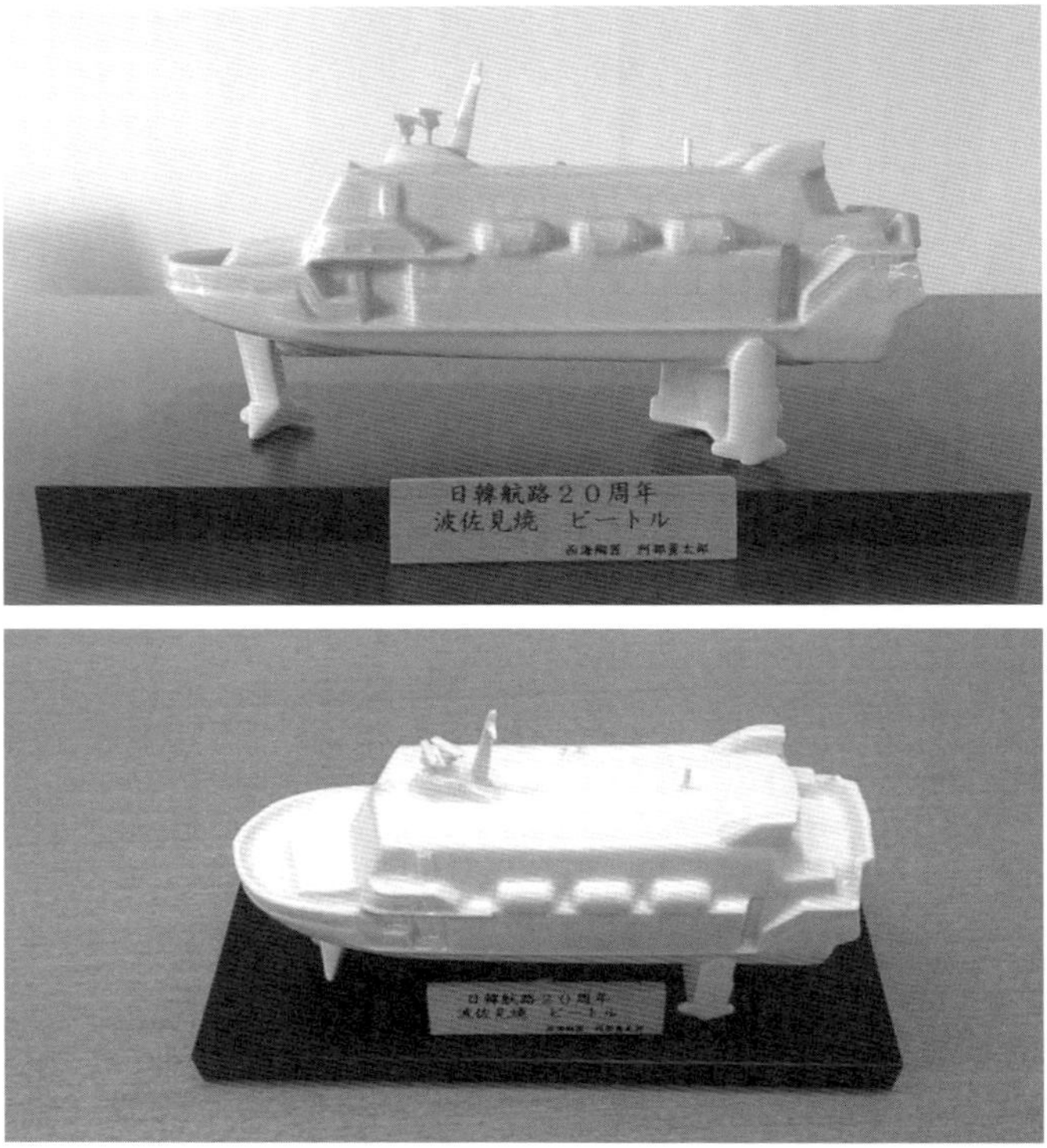

波佐見の焼き物（高速船）

だけに絞ってみても半世紀近くの遅れがある波佐見町が、湯布院町を凌駕するにはあと20～30年はかかるかもしれません。ただ、西の原地区や四季舎、はさみ温泉など、既に湯布院町の先を進んでいる部分もあります。したがって、あきらめる必要はないし、後発だからこその強みもあります。

今後は、他の地域ではマネがしにくい波佐見町ならではのソフトの開発が大切だと思います。例えば、朝飯会などの活用や日本再発見塾などに似た体験・フリートーキングの実施などは有効だと思います。

あと高額で売れる窯業以外の地場産品が必要です。私は「波佐見町にはお茶があります。食器があります。あとは、ぜひ焼き菓子か何か、お菓子を作ってください。有名なお菓子を…」と言い続けてきましたが、壁は厚いようです。窯は神聖なものだからお菓子を焼くなどとんでもないという理由です。

また、バーチャルとリアルを組み合わせた商品開発なども効果的ではないかと考えています。人を引き付ける魅力という意味では、波佐見町は湯布院町に絶対に負けていないと思っています。波佐見町だからこそというお茶づくりやアスパラなどの農業のほかに、感性豊かな若い芸術家がつくるファッション性の高い物づくりもあります。それらを活用して心が癒やせる地域になっていただきたいと心から願っています。

先ほどご紹介したように、全米で注目されているポートランド市が実施している都市再開発計画と同じ方向性のまちづくりを、波佐見町が今実践されています。

私はポートランドに行って感動し、帰国直後、波佐見町の朝飯会の人々に「米国オレゴン州に参考になる都市がありました。これを波佐見版にされたら良いですよ」とお話ししたら、何名かの方がすぐ視察に行かれましたね。こういう行動力のあるところがすごいところだと思います。

写真の焼き物は、ＪＲ九州高速船ビートルの２０１１年の日韓航路就航20周年記念の引き出物として作っていただいたものです。「いまは３Ｄプリンターがあるから、こんなものは簡単にできるだろう」と思われるかもしれませんが、これを焼き物で再現する場合、焼成の過程で収縮したりしますから、正確な縮尺で作り上げるのは大変難しいのです。これら波佐見の焼き物を見て、ロンドン・オリンピックの聖火リレーに使われたトーチをデザインし、２０１２年の英国「最優秀デザイン賞」を受賞したイギリスの世界的なデザイナーが、波佐見町の人と一緒に仕事をしたいといっています。それくらい素晴らしいものを作りあげる技術力が波佐見町にはあります。

ということで私の話は以上で終わりたいと思います。

（２０１７年７月13日長崎県立大学での講演録に加筆・修正）

【筆者プロフィール】

町孝　１９７３年に国鉄入社、ＪＲ博多駅長（２００３年～２００５年）のとき、自ら雑巾を手に清掃の先頭に立ち、改札口での挨拶を徹底し接客サービス九州一の駅を実現。２００５年にハウステンボスＪＲ全日空ホテル社長、２００９年にはＪＲ九州常務取締役、YOKOSO JAPAN 大使に任命される。福岡大学商学部や韓国蔚山大学校で観光学の講義（１９９６年から）。２０１０年ＪＲ九州高速船社長。２０１３年ＪＲ九州ビルマネジメント社長、福岡市教育委員。２０１６年からＪＲ九州リテール監査役。

特別寄稿

日本の未来を学ぶ場、波佐見に
——小さくて、キラリと光る町にしよう

長崎大学学長　河野　茂

1．波佐見の思い出
好きな女の子に意地悪した少年時代

波佐見と聞いただけで、私の心には郷愁とも異なる、こどものころに母親にいだかれたときのような感情がよぎります。思い出されるのはいつも決まって、60年以上前の美しくも懐かしい波佐見です。まだ、県道が舗装もされず、西の原にあった実家の河野薬局の前は中善さんという陶器の窯元。当時はうず高く積まれた薪の倉庫があり、大きな窯で茶碗や皿が焼かれていました。近所のなおゆきちゃん（中尾君）やたかっちゃん（橋口君）、ガキ大将のまさみっちゃん（山口さん）、ともゆきちゃん（岩永さん）、ひでじちゃん（岩永さん）と中善の工場や自宅のすぐ目の前の東小学校の校庭、その裏山の甲辰園でチャンバラをしたり、鳥モチでメジロを採りに行ったり、ペチャや独楽回しをしたりと、楽しく遊んだことだけが思い出されます。

まだテレビが普及する前の時代でした。大きな名札の付いたあっぱっぱのような制服にハンカチを

ボタンの頭にゴム紐で結わえて肩からかけて、西の原からバスに乗って内海にある松葉保育園に2年通いました。寺の和尚さんが園長先生で、ちょっと怖い顔だったことと、保育園のすぐそばを流れる波佐見川の澄んだ流れが記憶に残っているだけです。波佐見町立東小学校は自宅の目と鼻の先にあり、佐藤春吉先生、荒木惣三郎先生、長尾勇先生、黒木昌子先生、田崎治美先生など皆優しい先生たちでした。高学年になると少しずつ色気づき、可愛い女の子に限って意地悪をして、皆で泣かして担任の先生から拳骨を貰っていました。

河野薬局前で母（右端）と近所の子どもたち

母の前で弟に勉強を教える（中央筆者）

中学での英会話重視の授業がいま役に立って

町立東中学校までは10分ほど歩いたところで、軟式テニス部に入って、下手なりに毎日練習をしていました。のぶちゃん（一瀬君）や神近君は大変上手で、まったく敵わなかったのですが、勉強はよくできたほうで、皆からはがり勉タイプと思われていました。英語の豊田先生が会話を重視した教育をされていたのが、強い印象として残っています。お蔭でＮＨＫラジオ基礎英語を聞き始め、英語会話への興味が増したことが、今の立場を考えると大変役に立っています。この時代は今と違い、先生からビンタを時にもらいましたが、体罰を受けたという感じではなかったのはむしろいい時代ではなかったかと思います。まだ、そのころは好きになった女の子とは喋ることもできなかった、皆が奥手の長閑な時代でした。

高校は佐世保南高校に毎日バスで40分かけて通いました。たかっちゃんと私は西の原からバスに乗るのですが、本来なら中尾から乗ってくるべき、のぶちゃんはほぼ毎日乗り遅れて、自転車で私たちの前を通り過ぎて、舞相のもりちゃん（児玉君）のところまで隼のように駆け抜けてからバスに乗って通学していました。懐かしい高校生活です。波佐見で生活した18年はあっという間でしたが、あのころの情景は五感すべてに刻まれています。いまでは還暦も過ぎ、同級生にあっても昔の面影などほとんどないのですが、この間の人生はあまりにも速く進んできました。

私は、長崎大学の内科教授を65歳で定年退職しましたが、大学を卒業して43年経ってもまだしぶとく長崎大学に奉職しています。波佐見に帰って来て河野医院を再興しようと思っていた私が、図らずも教育者になってしまいましたが、その立場からふと故郷の波佐見のことを外からの目で私なりに考えてみました。

嬉しいことにここ10年ほどで急速に波佐見焼という名前が知れ渡り、人口一万人の山里の陶器の産地ということから、キラリと光る明るい田舎町という雰囲気が出てきたのは、盛ちゃんや一ノ瀬町長さんなどの頑張りが大きいのでないかと感じています。一般には高齢化と過疎に苦しむ町村が多い中、波佐見は若者も引き付ける魅力が感じられます。これを永続的なものにする仕組みがあればいいなあと感じています。

2. 社会は大きく変化する

十年先の世界トップテン企業はだれも予想できない

しかし、なかなかそのような仕組みは簡単ではありません。大きく変化する現代社会において、どのような道を選んで行くのがよりよい方向か決めるのはなかなか難しい選択です。例えば百年前と今の日本における農業人口を比較しますと、一九〇〇年には日本人の55％とほぼ半数が農業に従事していました。ところが二〇〇〇年では3・7％とほんの一握りに激減しています。これだけの人で一億二千万の日本人の食料を賄うことはできないのは明らかで、当然輸入されており、生産額ベースの食料自給率は66％と農林水産省から報告されています。

現代社会の発展は、国際交流による相互補助があってはじめて達成され、また国際交流は社会の発展によってますます親密になる時代です。決してトランプ大統領がいうようにアメリカ№1、で済む時代ではないと思います。当然のことながら百年前には今のような医療産業や金融、保険、電子機器の産業はありませんでした。

わずか十年前と今の世界トップ企業の変遷を見てみましょう。二〇〇七年の時価総額トップはエクソン、GE、と続き十番にトヨタが入っており、IT関連の企業はマイクロソフトが3位で、わずか1社だけでした。ところが、二〇一七年にはアップルがトップとなり、アルファベット、マイクロソフト、アマゾン、フェイスブックなどIT関連企業がトップ10に7社も入っています。わずか十年でこれほど大きな変化がおこると誰が想像できたでしょうか。

十年未来を予測できないなか、人工知能AIやビッグデータなど難しそうな言葉が新聞紙上には毎日踊っています。第四次産業革命と言われる革新イノベーションが叫ばれる中で波佐見は今後どの方向に進んで行くべきでしょうか。

3. 変わらないもの

衣食住、食文化は波佐見の出番

窯業とITやAIを結びつけるのは考えられることですが、変化するものだけでなく、変化しないものにも目を向けるべきではないでしょうか。私たち人間が生きて行くうえで、絶対に必要なものは、衣食住です。波佐見は住環境として、素晴らしい自然に恵まれ、美しい野山、鬼木の棚田など都会で失われてしまったものが多く残っています。自然はどちらかといえば人の思い通りにならない、そういう意味では不便なものであり、時に驚異的な力を発揮するのですが、多くの場合には極めて健康的なものです。人の本来持っている五感を研ぎ澄まし、優しく癒してくれるものです。

この大きな恵みを波佐見の良さとして私たち自身がもっと認識し、そこに目を向けるべきと思います。社会の変化に伴うグローバル化によって、地球が狭くなったのはなにも外国だけではありません。日本国内でも流通やITの発展によって、物も情報も必ずしも中央にいなければならない時代ではありません。五感を満足させる住環境は、これから見直されてもおかしくありません。

そしてなんといっても食が重要です。あらゆる旬の食材の産地に近いことは、食環境としては利点でしかありません。健康的なものを気持ちよく食べるためにあるのが波佐見焼という食器であり、人の生活を豊かに飾ってくれるのが、さまざまな調度品ではないでしょうか。人生百年といわれる時代に健康的に長生きし、そこには誰にでも食べる楽しみがあります。もちろん味は大切ですが、見た目は皿でも、その味を引き立てもし、駄目にもします。ヒトは食べられなくなれば、死を待つだけです。

食べる楽しみを大きく増幅させるものこそ、波佐見が世界に貢献できるものではないでしょうか。

4．学びの場
変化や失敗を恐れないで交流のなかで学びを

変化するものと変化しないもの、私たちはこのバランスを正しく判断したいものです。そのためには、さまざまな立場の人が集まって、それぞれの考えを戦わせることが必要です。つまり変化しないものを見極めるためには、変化を恐れてはいけません。若い人の意見を聞き、一方で若い人は経験を積んだ熟達者から学び、その交流が新しい反応を起こし、今までにない、または気づかなかった波佐見の良さを引き立たせることを期待します。

しかし、この世は極めて複雑です。波佐見の将来を世界や未来の日本の中で正しく予測することがだれにできるでしょうか。私の考えは、波佐見という場所を円滑な交流によって得られる多様性を持った集合知によって、流動し続ける社会へ柔軟に対応する場所にすることであり、簡単にいえば働きながら学ぶ場所にすることではないでしょうか。今生まれた赤ちゃんは百歳を越えて生きる人が50％以上もいると信じられないような予想がされています。当然健康寿命も延びてくるでしょう。同時に社会の変化は今よりもめまぐるしくますます加速しているかもしれません。そのような未来には、変化を受け入れることなく暮らすことは不可能です。仕事も日常も地域も変化を受け入れるには、結局挑戦しかありません。失敗してでも挑み続け、失敗すらも楽しみながら学び続ける人生が必要とされるのではないでしょうか。

ただ、失敗し続けて、成功がみえないときには人間は挑戦をやめてしまいます。ここに地域の支え、波佐見が輝く波佐見たるための出番があり、すでにその一部は現れています。自然やコミュニケーション豊かな関係性などは、都会にはないソーシャル・キャピタルとしてこれからの地域社会の利点であり、変化を受け入れるマットのような役割を果たします。陶器を例とすれば、デザイン、世界進出、IoTですら導入できます、AIとも手を取り合えるでしょう、失敗しながらも挑戦し続ける課題は山のようにあります。若い人、お年寄り、働き盛りの人、地元のヒト、波佐見以外の出身のヒト、外国人、男性だけでなく女性も、特に関係がないような専門性であっても、お互いに学びあい、教えあう、寺子屋のような波佐見の学び舎を、現場目線で作ってもらったら素晴らしいと思います。

グローカルの最先端をいく町波佐見に

ぜひ皆さんには都会から、また海外から若い人が波佐見を訪れて一定の期間住める場所を提供して欲しいと思います。そして、実際に活動できる場があり、もちろんお互いが先生となり生徒となって学びあう場を作るところから始めたらいいのではないかと考えています。そこから次第に輪が広がって、グローカルの最先端をいくような町、波佐見になるのではないかと夢を膨らませています。地域こそが変化の最先端を担いうるという命題を最初に達成する町が波佐見であってほしいのです。

すでに波佐見にはその素地があります。感心するのは、地元出身でない若い人が波佐見に住み着いて面白い仕事をどんどんしていることです。またこれから人口が大きく減少していく日本で、将来何が必要になり、何をすべきかを学べる場所として大きな可能性を感じています。小さくてキラリと光る町波佐見を、地域社会の将来性を感じさせてくれる場所に育てて行きましょう。

【筆者プロフィール】

河野茂

現職　長崎大学学長

昭和49年　長崎大学医学部を卒業後、第二内科に入局、呼吸器感染症の研究に従事

昭和55年〜57年　米国ニューメキシコ州立大学医学部病理学教室に留学

昭和60年　長崎大学医学部第二内科　助手

平成5年〜6年　米国ＮＩＨ（National Institutes of Health）ＮＩＡＩＤに留学

平成8年　長崎大学医学部第二内科　教授

平成18年　長崎大学医学部長

平成21年　長崎大学理事（病院担当）、長崎大学病院　病院長

平成26年　長崎大学　理事・副学長

平成29年（10月〜）　長崎大学　学長

受賞

二木《ふたき》賞（平成6年度　日本感感染症学会）

日本医真菌学会賞（平成14年度　日本医真菌学会）

Isc Meritorious Membership Award（International Society of Chemotherapy2013）

志賀潔・秦佐八郎賞（平成26年　日本化学療法学会）

Yen Award（International Congress of Chemotherapy and Infection 2017）

座談会

女性が語る波佐見と仕事・ひと

――「つんなむ会」の連帯感が町を元気にする

松尾ちえみ　田中ゆかり　中村千織
太田早紀　赤尾美望　大澤満美子
司会：児玉涼子　コーディネータ：古河幹夫

お金もちじゃなくても貧乏でない

古河　波佐見は女性が活躍している、支えているということをよく聞きますが、本日はさまざまな立場の方からお話しいただいて、「女性が支える波佐見」の実状を伝えることができればと座談会を企画しました。私は参加者のなかで唯一の男性でもあり、基本的には聞き手ということで、司会は児玉さんにお願いすることにしましょう。最初に児玉さんに口火を切っていただきます。

児玉　じゃあ、自己紹介を兼ねてそれぞれのお仕事のことや苦労されていることなど順にお話ししていただきましょう。

ではまず私から。波佐見出身で窯元の家に育ちました。結婚後しばらく東京で暮らし、波佐見に戻ってからは夫の会社（西海陶器）を手伝ってきました。いまは波佐見町婦人会や観光ガイドをやっています。波佐見を訪れる方に波佐見の良さを紹介し、「波佐見ってステキなところですね！」といっていただくのが何より嬉しいです。

児玉 涼子さん

２００１年に「きなっせ百万人交流達成委員会」や「グリーンクラフトツーリズム研究会」がスタートしました。女性もできることで地域活性化の力になろうと、２００２年に「つんなむ会」ができました。「つんなむ」というのは波佐見町の方言で「一緒に連れだって」という意味です。会のコンセプトが「歳はとってもテレビの番と炬燵の番はしないようにしよう」というものでした。それと「金持ちじゃないけど貧乏じゃない」と当時よくいっていました。お金は持っていないけど心は貧しくない！　と。みんなで集まって女性の井戸端会議のようなものが始まって、連帯感が生まれてくるんですね。

私達にできることは料理かな？　ということで、中尾山の「文化の陶　四季舎」でお食事を出すことにしました。おしゃれな料理は出せないから、普段自分たちが食べているものをアレンジしてお出ししようと……。

幸い観光客が増えだしたものですから、お客様に出すのにどのようにしようかと思案して、作りあげたのが「波佐見焼御膳」。メインのお料理が、野菜と野菜の間に何かを挟んで焼くという「挟み焼（波佐見焼）」です。ちょっとウィットに富んだ名前を付けたりしてね。お寿司も具を中に挟んで「挟み（波佐見）寿司」だっていう風な感じで。

そのうちに、皆さんが特技を持ってらっしゃることが分かってきた。歌が上手な方、ダンスが上手な方など。なにかほかのこともやろうということになって、グリーンクラフトツーリズム研究会の記念行事には寸劇をやるようになりました。そういうとき、普段見せない顔を見せて下さるというのがとても愉しくて、また連帯感も生まれてくるんですね。

古河　私も縁があって「四季舎」でＮＰＯの記念会合に出席させていただいたのですが、そのとき女性の方々が寸劇を披露されて、本当にびっくりしました。非常に面白かったし、時事風刺のネタがあったりして、大笑いでしたね。

児玉　では次に松尾ちえみさん、自己紹介を。

松尾　松尾といいます。うちの長男と児玉さんの長女が同級生で小学校1年生のときにクラス役員を一緒にし、それから家族旅行もあちこち連れて行ってもらいました。（児玉）涼子さんが若いころ先生をされていたこともあるんでしょうが、人を引きこむのがうまいし、言われたらついて行きなるような力を持っているんですね。だからそのままついてきていままでお世話になっています。

松尾 ちえみさん

　波佐見陶器市は今度百周年ですね。私が波佐見に来て42年になるんですけど、その当時は有田の陶器市は別の日にやっていました。波佐見の陶器市は4月の1日から5日まで、焼物公園もなかったので、この辺の一帯で間借りしていました。売り上げでは5日間で百万円売って「ああ御の字だね」というくらいでした。気兼ねなくできる陶器市というイメージがものすごく残っています。有田陶器市は間借りするんですけど、40万円も出して1週間借りて、その家を元よりきれいに掃除して返すので、すごく大変なんですね。波佐見は気楽で、お弁当を持っていくのがひとつの楽しみで、私もひとりで販売してたので、いまとは全然形態が違ってました。

　いまは波佐見と有田が同じ時期にやっています。平成元年だったかな、西九州道路が開通したときに波佐見有田インターチェンジにも陶器市を出そうって、当時の西海陶器の大久保専務が案を出して、推し進めてくださいました。それでいまもずっと続いているんです。一時高速道路がただの時がありましたが、あの時は秋田、岩手、北海道、札幌ナンバーとかありました。いまはもう本当に全国から来られますよね。

西海陶器さんなどが頑張ってくれていろんなことをやってくれるので「波佐見」と言う名前はかなり知られてきました。以前は東京に行くと「波佐見ってどこですか」っていわれてた時代があったけど、いまは「波佐見」ってわかってもらえる世になりました。高校野球が甲子園出たときも、寄付というたら出したくないというけど、「波佐見っていう名前が売れるから寄付しようよ」っていう風にみんながなってるなと思いました。

児玉 次は千織さん。

中村 いま、長崎県の卸商業協同組合の事務局長をしております中村千織です。

私は大学を出てからは畑違いの仕事をしておりまして、結婚してしばらく専業主婦でした。地元に帰ってきて、親戚の家が商社だったのでそこのお手伝いをしていて、そこでお茶碗のことは知識が得られたかなと思います。そのあと商業組合に事務職で入りました。いまでこそ波佐見焼振興会がメインの事業はものすごく多いんですけども、入った当時は、組合の中でいろんなものを売って組合の収入を上げるとか、共同購買事業みたいなのがメインでした。2003年に、これもまた児玉盛介会長から地場産ショップとして「くらわん館」を立ち上げるという話が出まして、商社、窯元、業界に声をかけて、お金を出し合わないことにはなんともならないと、その立ち上げがすごい印象に残っています。もう14年くらい経つんですけども、いまでは「本業の陶磁器販売はこんななのに、どうして『くらわん館』だけこんなに調子がいいんだろう」とみなさんおっしゃるくらいの業績にまでなりました。それの経理業務を今もずっとやっております。

児玉　中村さんは縁の下の力持ちというか、金庫番ですね。

中村　私の指示でお金を出しているわけではないんですけども、会長に「中村さんがよかっていわんば出されんけんね」みたいにいわれてしまって。

児玉　やっぱり、ポーンと突き進む人と土台をちゃんとする人とがいてうまくいくかなっていうのは思ってますけれど。

古河　「くらわん館」はだいたい何人くらいの訪問者、お客さんがあるんですか、ざっとで。

中村　何人でしたかね。最近はお店の売り上げは月に一千万円くらいかな。

中村 千織さん

古河　ああ、そうですか、すごいですね。ほとんど器ですかね？

中村　もちろん、もちろん。もう陶器がほとんどです。来られたお客さんも「こんなにたくさんの器を見られるところはなかなかない」っておっしゃるくらい。だから客単価が２７００円くらいかな。窯元と商社とたぶん20数社ずつくらいで合わせて60社くらいの出店です。

児玉　今度は田中ゆかり先生、お願いします。

器を通して愛を伝える

田中　私は有田から波佐見に出稼ぎにきているテーブルコーディネーターの田中ゆかりです。「テーブルコーディネーター」という言葉もない、27年くらい前にはじめました。始めた理由というのは、武雄温泉で育って、実家もあるんですが、高校生のころから器が好きで、汽車に乗って有田駅まできて、買い物をしていました。高校生だからそんなにお金も持っていないんですが、ザルの中に盃カタブツとかが百円くらいであると品定めをして、これにうずらの卵を入れて蒸したらどうかしらとかそういう変なことを考えるような子で、そういうことに興味を示していました。

田中 ゆかりさん

大学を卒業してから5年間、高校で家庭科の講師をしていたときのこと、現役で東大を受験するという生徒が突然学校に来なくなり、私は教育相談という係にいたために、その子の家とお医者さんとの間で伝書鳩のように往復しました。お医者さんがいつも「今日は何を食べたね？」「今日はどこで食べたね？」「今日は誰と食べたね？」と、食べる話ばっかり聞かれるわけです。「勉強の合間におにぎりを食べた」「塾に行く前サンドイッチを食べた」「コンピューターゲームしながらたこやき食べた」とかいつもひとりで食事をしていて、しかも器はそこにない。

夕食の風景を描いてごらんという課題が出たときに、私だったら炬燵のようなところに鍋があって、蓋を取ると湯気が出て家族がニコニコっとしているような風景を思い描くんですが、その子はひとりで何かをつまんでいるような絵で、それを見た時にぞっとしたんです。この子が東大に行って就職して結婚して子供が生まれたら、何を食べさせてどのように育てていくんだろうと思ったときに、日本の将来は危ない！　と思ってしまって、なんか私にできることはないかしらと思ったんですね。

あ、そうだ、私は器が好きだ、私は料理や栄養のことを勉強してきたし教えることもちょっとはできる、なんか私にできることはないかしら、とすごく考えて始めた。「田中ゆかりおもてなし教室」というものなんです。それを27年間つづけて、卒業生も700人くらいになりました。とてもささやかな教室なんですけれども業界の方にもお勉強で来ていただいたり、一般の方が勉強したいと来てくださって、本当に細々ですけど「器を通して愛の気持ちを伝える」というすごい理念に基づいて、焼き物を楽しむ暮らしの提案みたいなことをさせていただいています。

15、6年前に長崎県と佐賀県の陶磁器卸商組合の波佐見の商社さんとかのお勉強会がありまして、そのときに講師で呼んでいただいて、それから波佐見の皆さんとお知り合いになれた。波佐見にそういう人材がないのでいろいろ手伝ってくれというお話もいただいたりしながら現在までつづいております。波佐見の皆さんとの出会いは非常に幸せな出会いでした。

2006年東京ドームの〝テーブルウェアフェスティバル〟に長崎県として出展されるときに、三川内と波佐見の両方の基本展示伝授みたいなのを担当させていただいたのがきっかけですね。その2年前に、商業組合で、東京ドームの出店に合わせてテーブルコーディネート展示の勉強会が始まっていたので、出展されるのも初めてではあったけども助走ができていてよかったのかなと思います。

約9年ほどアドバイザーをしているあいだに波佐見の商品もどんどん変わっていきました。ドームでも「波佐見、波佐見」と連呼していただいて認知もしていただいて参加される方々の意識もすごく変わって行かれました。そうなってくると町にお客さんが来られるようになるし。東京からわざわざ訪ねてこられるんですね。そうすると町もきれいにしなきゃとか、食べ物屋さんがとか、いろんな意味で町民の意識が高くなっていった。すごい効果だったと思います。それは波佐見焼振興会の会長の児玉さんのお考えや行動力や人脈や、いろんなところによるところだなあと思いますし、出会わせていただいてよかったなあと思います。

この2年ほどは農業にも少しチャンスをいただきました。鬼木地区にお米がたくさん取れまして、お味噌をメインで農産物をにいろんなも

赤尾 美望さん

のに加工する鬼木加工センターというところがあります。フリーズドライ味噌汁を開発してみたり、波佐見のいろんな素材を生かしたクッキーを作ってみたり、お店をリニューアルするときにお店のデザインをしたり、パッケージデザインの見直しをしたり。

そういうことをさせていただいてちょっと形になってほっとしたところです。そこで農村婦人との出会もありました。

オープンマインドで情報を共有

児玉　次、赤尾さん。県の職員さんの立場とプライベートでも。

赤尾　赤尾美望《みつみ》と申します。私、長崎県庁の職員で、平成9年（一九九七）に入庁してもはや20年近く経ちます。私は今まで税金を掛ける仕事だとか広報の仕事だとか、東京の企業に1年間研修に行ったりとか秘書とかいろいろやって来たんですが、２０１４年に本庁の産業労働部の産業振興課という地場産業の振興をやってる部署に配属になり、焼き物の担当になって、そこから波佐見にお世話になることになりました。本庁のその部署に3年間いまして、今年4月に佐世保にある県北振興局の商工労働課に異動になり、地域の商工業の振興をする部署でもちろん焼き物も入っており、お世話になっているという状況です。

人と接するような業務をずっとしてこなかったので、初めて波佐見に来てカルチャーショックを受けたというか、人もすごく魅力的だし、土地自体も引きつけるところがいっぱいあって、多いときで週1のペースで通うようになました。そのたびに会長、局長に昼食に誘われて、その中で公務員の世界では聞けないような話、民間でトップで走っている方たちのお話を聞くのはすごく勉強になって、自分の意識も少しずつ変わってきて、それが楽しみになったところです。

児玉　いろんな方が入って波佐見焼振興会の定例会を毎月されているんですよね。互いに話題を共有するというのは大事だなぁと思います。

古河　それは振興会の会合なんですか？　それに外部の方が参加される？

中村　そうです。児玉会長が振興会の会長になられたときに、その前から感じてられたことだと思うんですけど、町内にいて西海陶器さんは商業組合に属しておられて工業組合さんがどんな事業をやっておられて、商工会が何かをやっているかとか、同じ産地内なのにまったく情報として得られないことが多々あったんですね。児玉会長が定例会を立ち上げるときにおっしゃったのが「どこか他所に会合に行って『窯元の青年部さんこんなことやってるんだってね』とか『商工会、こんな事業やってるんだってね』とか他所から聞いて、これはどうしたもんか」と思われたそうで、今から情報を共有するためにも、また同じことをだぶってやらないためにも必要だということで始められた。初めは県・町基本で関係機関が主だったんですが、今は観光だのなんだの全部ひっくるめてになってる。中尾山の窯元連合の人もいらっしゃいますし、銀行の支店長もいらっしゃいますし。そこに来て、大きな議題があるわけでもないので、今何をやっているか、これから何をやろうとしているかといった話をするだけなんですけど、「あ、ちょっとこれ聞いておきたかった」ということをタイミングよく聞けたり、本当にいい会議だと思います。

古河　外に開かれているという感じですね。

赤尾　あまり行っても行政の人って煙たがられることが多いんですが、波佐見は全然そうじゃなくてオープンマインドで受け入れてくれて、厳しいことももちろんいっていただいてご指導もいただきますし、大変ありがたい場だなと思っています。うちの課長もはじめて4月に来たんですけど、いい会議だということですごくびっくりされています。

児玉　次は太田さん、どうぞ。

多くの人の手に渡る器を

太田　株式会社中善に勤めている太田早紀です。会社では絵付けが主です。あとはちょっとしたデザインとか、基本的に何でもします。釉かけもするし、窯のちょっとした作業もします。私はもともと宮崎の出身で、こっちに来たきっかけは佐賀県立窯業大学校を卒業して、たまたま中善の求職があって見学に行って、そのままするすると入社して11年間中善にいます。もともと焼物好きというのではなく、小さいときから絵を描いたり作ったり美術や図工が好きだったのに高校は親に勧められ進学校に行きました。でも、作る仕事がしたいというのがずっとありました。

専門学校は授業料が高いのでやれないと親に言われモヤモヤしながらずっと悩んでいたんですが、九州圏内で授業料がいちばん安いという理由でなんとなく窯大に入学しました。焼き物の知識はなく、私の中では勝手に、焼き物イコール、ロクロで作って作務衣着たみたいな人が窯を焚いてみたいな、作家と言うイメージしかなかったんです。けど、窯大でいろいろ勉強して、特に産業陶磁器に関する、型とか転写だとか沢山の数を作るっていうのを教えてくれて、そこで初めて産業としての陶磁器、身近な日常食器という世界があるというのを知りました。今まではなんとなく作っていると思っていたのが、こんな風に作られているというのを初めて知って、一個一個の作りも大事で魅力があり、「焼き物がすごく好きで買いました」という風じゃなく、たくさん作っていろんな人に使ってもらう、身近な食器を作るということにすごく興味が湧いてきたのです。

古河　デザインというのはご自分で考えられるとか提案とかいうのも結構あるんですか?

太田　それもあるし、西海さんだったら西海さんがこういう風に作ってほしい、こういう絵柄を描いてほしいと言われたら、それを会社内でできるような技術、技法だったり色とかを提案するというのが今は多いですね。会社内にいたらいろんな人と触れ合うこともなく焼き物しか見てこなかったんですが、ここ3、4年、児玉盛介会長や亡くなられた岩永さん（元波佐見焼振興会事務局長）から「ファン養成講座」でしたか（補助金の関係で名称が変わっていく）波佐見焼を知ってもらおう好きになってもらおうという趣旨の講座で、絵付けの講師として来てくれという話をいただいて、初めて会社以外の所に出るようになって、いろんな方とお話しするようになって世界が広がったなと思いました。

太田 早紀さん

児玉　いいことですよね。本として残りますよ。

中村　名人と言われる人のなかにいますよね、しゃべりたくないから絵付けをしているんだとか、窯を焚いてるとか。窯元に人っていうのはね。

太田　しゃべるのが苦手なので自分の好きな世界を描く、創るという感じでやってきて…。でもこうして言葉に発することで、こうしていろんな人と出会いがあって、自分のことを知ってもらえて、創った焼き物を見てもらって触れてもらえるんだなということを感じています。

児玉　じゃあしんがりで、大澤さん。

バイヤーとして惚れ込んだ波佐見

大澤　東京都生まれ東京育ちの大澤と申します。スカイツリーで有名な墨田区生まれで、東京で、3代続いているので「江戸っ子」と呼ばれてい

大澤 満美子さん

ます。大学を卒業してファッションにあこがれてファッション系の仕事をしたんですが、スピードの速さが苦手になって1年足らずで雑貨関係の仕事にシフトしまして、そのまま雑貨関係の仕事を20何年しています。

　波佐見に来るようになったのは10年くらい前、一番初めは東京でギフトショーとかで波佐見を拝見して、安いし使いやすいしお店にもすごく合うということで仕入れをさせて頂いたんです。その頃に西海陶器の近藤さんと知り合いましていろんなお話をしながら波佐見のことを聞いて「今度波佐見で展示会があるから一度来られませんか」といわれ、会社にも「波佐見焼ってお店にも合いそうだし売れそうだから行ってみたいんです」と申請をして、波佐見にきて触れて会長にもお会いしていろんなお話を聞いて、ますます波佐見を好きになりました。バイヤーとしての仕事柄、有田や信楽にも行き、九谷にも行って見たりするんですが、器はとても興味深いのですが、人と繋がることがほとんどないんです。買うときにはメーカーさんと話しますが仕入れがちょっと止まるとそのまま（縁がなくなる）だったりですが、波佐見の場合はそれが不思議なんですが、来るたびに会長とも「大澤さん来るから食事行きませんか」という風になっていって、それがどんどん輪が広がって、なんか不思議な町だなと思っています。

　２０１３年にフリーランスで独立しまして何社かと契約するようになって、今まではこのお店にしか合わない物しか探せなかったんですが、何社かになると、この店では合わないけど別の店では合うかも、と言う風に選択の幅が広がりました。波佐見は作家さんの値段の高いものまでいろんなものがあって面白いなと思っています。２０１５年に「GROCERY MORISUKE」の立ちあげに関わらせていただいきました。その前年の２０１４年に長瀬さん（波佐見在住の陶芸作家）が引越しされるので「ここで何かやりたいんだよ。大澤さん、誰かそういうことの出来る人いないかな」といわれて、「あ、すごい面白そうな話ですね。私やりたいです」といいました。「輸入食品とかを扱うお店はちょっとやってみたい」とおっしゃったんで、「じゃあちょうど友達に詳しい方がいるので」ということで笠原さんと一緒に、笠原さんがフードの方の選択をして、私がそれに伴うナプキンやフォークなどフード系の雑貨を扱わせていただいて、オープン前の半年くらいから月に1回か2か月に1回くらい来るようになって今に至っています。

児玉　いろんな業種の方がいらっしゃるんですけど、ひとつのキーワードに「人」というのがありますね。それと、この土地柄が「開かれている」というか。私と中村さんがここで生まれてここで育っているんですけど、昔からどうでしたか？

波佐見の土地柄

中村　私、正直な話、波佐見では絶対暮らしたくないと思っていました。自分の実家は生地をやっていたんですが、私の学校のころ本当に朝早くから夜ご飯食べて9時、10時くらいまで大忙しでした。働いているのを見ていて、焼き物の仕事なんか絶対したくないと思ってましたけども、なぜか廻りまわって戻ってきてしまいました。当時とは全然違いますよね。焼き物の売れ方とか、経済的なことも違いますし、作れば売れる時代じゃなくなってきているというのもありますので。今はいろんな人と関わって楽しいかなと思っています。

古河　私がある会合で年配の町議の方と話したときに「波佐見は売るために全国を廻っているからいろんなことを見たり聞いたりしている。

町としては小さいけれど、関心や視野が広いというところはあるよ」と訊いて納得したところがあるんですけどね。

児玉　やっぱり昔からいろんな人が来てましたね。それでお寿司屋さんが多かったんですね。商談に来ている方々に男性が接待するというとお寿司屋さんじゃなかったかなと思うんですけど。いまではおしゃれなイタリアンレストランとかができていますが。むかしから都会の方がお土産を持って来られていましたよ。だから他の方が入って来ても抵抗感はあまりないのかもしれません。学生の時、外に出ていった人も結構多いですね。私の場合首都圏ではカルチャーショックは随分ありました。やはり向こうではトップにはなれないんだと思って帰って来たんですけれども。

古河　四季舎の会合で深澤さん（元NPOグリーンクラフトツーリズム代表）が「お金がないときは天に向かって『お金がない、お金くれ』って叫んだらお金が来る」っていわれて、すごいことをいう人だと思ったんだけど、要するに、自分たちにないものはなんとか引っ張ってくる。東京で有名な人とかの話を聞くために呼ぶ場合、○○研究所の研究員とか大学の教授とか肩書をありがたがるような雰囲気って結構あるけれど、波佐見ではないでしょ。「朝早くから来てしゃべれ」なんてね。「自分たちは知らない。でもあなたは知っているからしゃべってくれ」ということで、決して何かを承るとかいうのではなく対等なんだというのが、口に出して言わなくても、今でも不思議ですけど。それは自分たちがしっかりここで生きているというある種の自信があるんじゃないかと思うんです。

児玉　大澤さんにしろ、ゆかり先生もそうなんですけど、どうしてここまで波佐見に入れ込んだのかな？　と思います。

ゆかり先生と初めて会った日のことははっきり覚えています。先生のファッションも。商業組合の総会で先生を講師として呼ばれる前にある商社の男性が事前の打ち合わせのため東京にゆかり先生のご自宅に伺ったとき、先生がお茶を出してくださったそうです。そのお茶の出し方・味・雰囲気が「波佐見では今まで味わった事がなかった」と……。有田はひとつのことを突き詰めて、一生懸命やるという気質があり、本も沢山でていますし、テーブルコーディネーターの方もいらっしゃいますが、波佐見にはそれがなかったのです。気が多いのか、いろんな事をしたがる土地柄なのか？　時代に合わせて変えていけるという気風が波佐見にはあって、売れなければどうしようもないから市場に合わせて行こうというのはあるんです。

有田も波佐見も400年の歴史がありますが、一方は割烹食器などの高級品で片方は一般食器。隣同士だけどはっきりした違いがあるようです。藩の違いもありますしね。

田中　たくましさとユーモアというか、なんか全然違うような気がしますけど。昔ね、強化磁器「ワレニッカ（割れにくい）」っていう商品名があったって聞きました（笑）。大爆笑でした。でも今から売り出そうとする強化磁器を「ワレニッカ」っていう名前で売りに行くんですか？　これって有田は絶対しないよねって。そういうユーモア精神、たくましさというか。どっちかというと有田は形式を重んじる、形から入るといわれるけれど。

大澤　有田はカタログもしっかりしたものをお持ちで仕事上は助かりますが、波佐見の方に「これすごい気になるんでカタログありますか？」って聞くと、「いや、特にまだないんだよね」って。「あれ、売る気はあるのかな？」って逆に心配になっちゃうときもありますけど。それがユーモアというか、有田と全然違うなと感じます。

児玉　方言集で横綱か大関の番付に「どいろこいろ」という方言があるんですけど。

太田　「いい加減」というような、もうちょっといい意味でね。

児玉　お婆ちゃんたちが使う言葉に結構ゆるいのがありますね。波佐見温泉のあたりは農業の圃場整備が県内で最初に行われたらしいんです。すると農業をする時間が減ってきて、焼物を作れば売れる時代だったということもあり、農家の納屋に機械を持ってきて大量生産をしていたそうで、焼物のお蔭で現金収入もあったと思います。食べるのは農業で困らないですね。いまも農業と窯業を一緒にやって行こう！　という感じはあると思います。

太田　田植えの時は工程が滞るイメージがあります。生地屋さんは農業をしながらの方が多いので、梅雨の頃になると「明日は田植えがあるのでこの生地を作るのはちょっと遅らせてくれ」ということがあります。従業員さんでも「明日は田植えやけん、会社におらんけんね。でも雨が降ったらわからい（＝わからない）けど」って。ああ、それが普通なんだって思いました。

生地屋の人手不足

松尾　いまは生地屋さんの後継者がどんどんいなくなっているから、焼き物がいつ出来上がるかいえないっていうんです。お客さんから注文があって、メーカーさんに「いつできますか？」って電話すると「生地屋さんに訊いてみないと何とも言えない」って。1カ月先とか2か月先とかざっくりでいいから教えてくれといっても、それがいえないっていうメーカーさんが結構あって困るんです。「生地の材料の手配をお宅が指示すればそれでできないんですか？」っていっても「うちでは無理です」って。いまは生地屋さんが神様みたいないい方しますね。むずかしくなったなと思います。人手不足ですね。

大澤　人手不足なんですか、材料不足なんですか？

松尾　人手不足ですね。若い人にとって、こんなことやってられないって感じでしょうね。

田中　工業組合の方と話していたら生地屋さんが少なくて困ってるって。だから窯元さんの中には自社で生地も作るようになられたところもある。将来的には生地はタイから輸入しなきゃいけないんじゃなかろうか、という話まで出たりしますね。深刻な問題ですね。

児玉　いまは大量に売れるんじゃなくて少量多品種なので、生地屋さんも大変なんですよね。昔は生地屋さんもご夫婦でやられていたようですが、収入の問題もありいまは奥さんが外に仕事に出られてご主人がひとりでしている所もあるようです。忙しいところはものすごく忙しいんでしょう。集中して注文が入るようです。

レストランで出会う波佐見焼の食器

松尾　私は東京の新宿の焼物屋にいたんですけど、そのときの先輩が、ひとりっ子の子どもさんにもやしの根を1本1本取って食べさせている。何にしてもそういう気配りの仕方の育て方だったようです。なのに、そこまでして料理したものを何に盛り付けるかということは無頓着なんですね。その子は東大の法学部に現役で入学しました、その後何をしているかまでは知りませんが。そこまでして東大の法学部にやったというお母さんの嬉しさだけが見えてきて、せっかく焼物屋さんに勤めているのに子供の進路選択に焼き物という感覚はなかったのかなと残念でしたね。私は焼き物が好きで盛り付けも好きだからゆかり先生の教室にも通わせていただきました。焼き物だけじゃなくいろんな人生の勉強になったんですね。

私も呑むのが好きな人間ですので、特に都会で居酒屋に行くと百円均一で買ってきたような焼き物がいっぱい出てきますけど、「やよい軒」というご飯屋さんに行くと波佐見焼の器が結構出てくるんですよ。ああいうところでご飯を食べると、安くてもおいしく感じるんですね。全国どこへ行っても波佐見焼を使ってくれている食べ物屋さんってすごくうれしいです。ものすごく綺麗なお店なのに欠けたコーヒーカップで出されると、いくらコーヒーがおいしくてもまずく感じるし。やっぱり自分の業界のことはものすごく気にかけて見ますね。先ほどバイヤーさんの話が出ましたけど、うちにも昨日、松屋銀座のバイヤーさんが来られました。やっぱりバイヤーさんに面会するとなるとハッとしてしまいますもんね。ヒールでカツンカツンカツンって歩かれると。

大澤　ヒールを履かないとダメですね（笑）。

児玉　もう大澤さんや赤尾さんは私にとって仕事を通してではなく、娘っていう感覚になってきているんですね。赤尾さんもよく波佐見に来られますけど、「あぁ元気にしてるなぁ」って感じです。だから波佐見に嫁いでほしいなって、皆思っていますよ。

中村　お相手を探す根回しはしていますよ（笑）。

東京テーブルウェアフェスティバルで

児玉　先ほど出ました東京の〝テーブルウェアフェスティバル〟で「波佐見」の名前を全国に知っていただいたというのがあると思うんですけど、そこにみんな携わってらっしゃるんですよね。

大澤　私はそこへ買いに行くっていう立場ですけど、結構みなさんと顔見知りになってきて、行くと「あ、こんにちは、こんにちは」っていっていただけるのがうれしくて。東京で会えるなんて不思議だなって毎回思いますね。

児玉　ちえみさんはそこでずっと売ってますよね。いま、お客さんはどういう風になってきてるんでしょう？

松尾　もう10年以上になりますけど、長崎県ブースがないときはスペースが5社だけでしたが6社出すことがあって、抽選で1年1年代わって出してました。県ブースができてから今はもう歩くたびに「波佐見、波佐見」って声が飛んできて。私たちも県ブースに3年だけ出してあとは自社ブースに出していますが、お客さんに「波佐見焼、どこですか?」って聞かれると、ここも波佐見焼ですよとはいわずに「あそこですよ」って県ブースを教えています。波佐見焼っていうもののイメージが定着してきた感じです。ドームのお客さんは若い人も入って来ていますけど、うちは年配のお客さんをターゲットにしているんです。年配の方はお金を持っている方が結構いらっしゃって、値切ったりせずに「こういうのでなくて、もうちょっと良いのない?」って電話がかかってくることがあるので、そういうのを持っていくと喜ばれたり。「イメージが違うんだけどなあ、でもせっかく持ってきてくれたから買うわ」といわれることもあって、東京というのは独特なところだなって思います。焼き物だけじゃなくて、やっぱり商売するのは都会だなってつくづく思います。それからすると「くらわん館」ってよく売れますよね、こんな時間にまだお客さんがうろうろしよるって、びっくりすることもありますね。

児玉　ゆかり先生はドームに出品する前に窯元さんにどういう風に指導されるんですか?

田中　昔は、何を作っていいかわからないって悩んでいる方が多かったですね。本当に悩んでいらっしゃる方には「あそこのお店に見に行ってみたら」とか「あそこに食事に行ってみたら」とヒントになるようなことを言うだけでも糸口が見えてくるような感じでしたね。参加される回数が増すと、自分の特技は何なのかとわかってきたり、こういう人が買ってくれるというのがわかって、その人をイメージして生活スタイルを仮想して作るようなところも出てきましたね。

窯元も売る人も男性中心ですよね。そうすると「俺がつくったんだぜ!」みたいな臭いがしていたんですね。有田はきちっとした形に作ってあるけど、波佐見は何にでも使えるようにと形が大きかったり、欠けないようにと分厚かったりするんですね。ときどき分厚いコーヒーカップで飲んでいると横から垂れてくるようなことが昔はあったんですけど、いい意味で高質化されてきてどんどん変わってきているなって感じはしますね。

松尾　東京ドームの県ブースでダメなところがひとつあって、ものすごく売れているのがあったら商社が「この焼物売れているから作って」って頼んでも、「この焼物は自分とこの商品」っていうことで絶対作らないですね。はっきりと「できません、しません」っていうのが結構あるんです。でも、あれではダメだと思うのですよ。模したものでもいいから作ってくれたらいいんだけど。もともと窯焼さんは商社のためにあったけれど、いまはもう小売のために頑張る窯焼きさんが増えてきて、そこが県ブースのダメなところだと思うんです。

中村　でもコンセプトは違うんですよね。あれだけたくさんの窯元の方を表に出しているのは「これからの波佐見焼のために、消費者に直接接して商品の品質を上げてほしい」ということで商社は後ろに引っ込んでいるんですね。窯元さんに大々的に全面に出てもらって、それを商社さんに卸して広げていくっていう風にするのが〝テーブルウェアフェスティバル〟に出す目的なんです。

松尾　そこまで一から教えてもらわんと、メーカーさんはそういうのまったく覚えとらっしゃらんから。

児玉　やっぱり売れだすと、自分のものだぞ、という感じになるのでしょうか。

赤尾　ドームに出したものはなかなか流通しないって、そういうことなんですね。

中村　価格帯の問題もありますね。商社が仕入れして売ると、やっぱり窯元さんがいま売っている値段より高くなったりして変な話になってしまう。

田中　価格の点はメーカーさんももっと考えな

いといけないですね。マーケティングまで考えないと。波佐見焼って全体的にお安いんですけど、メーカーさんはもっと安く作っていたわけで。どうもデザイン料を入れるということを考えていないところがあるんですね。「これいくら?」って聞くと、「ええっと、1200円かなあ」なんてことが結構あるんです。「苦労してここまで作ったんだから、焼き賃がいくらで土代がいくらで、ということだけじゃなくて、これを標準小売価格でいくらで売ってほしいっていう設定をしないといけないでしょう」って話はするけど、今までの計算方式みたいなのが沁みついているようで。また逆に東京ドームに初めて出すから自信がなくて、ちょっと安くしとこう、みたいなこともあって。少しずつは改善するようにいっているんですけど、沁みついたものはむずかしいですね。

焼き物を並べるのも、こちらとしては美しく魅力的に並べたいと思うけど、出展される方は1点でも多く売りたいから、「ゆかり先生が並べるときれいだけど売り上げが下がるから」ってはっきりいわれてました。意識改革っていうのはすごく長くかかりますね。

児玉　そこは女性の力でしょうか。男性ではなかなかそういう指導は……。

田中　どうですかね、女から言われたくないっていうのを感じることはいっぱいありましたけどね。買ってくださるお客様は女性で、作る人、売る人が男性だと、開発、販売どこかにズレが出てきて、そういうのにみんな気づいてきて、女性の気持ちをもっとわかるようにしようとか。「かわいい、ステキ」とかいう感覚がおじさんたちにはわからないって商社の方たちにいわれるけど、女性の気持ちをもっとわかって、それを商品や売り方に活かして、コーディネートして売らなきゃいけないとか、変わっては来てますかね。

古河　この中で唯一男性なんですけど、男性には「かわいい」という感覚は説明してもらわないとわからないというのはありますね。ある時どなたかが「焼き物というのは一種のファッション産業だ」いわれたんですけど、それだったら自分なんかの出る幕はないかなという感じを受けたことはあります。

中村　どういう意味でファッション感覚？

器を使う・選ぶ主導権は女性

田中　私たち女にも、その日によっていろんな気分がありますよね。先ほど涼子さんが「多品種少量生産」のことをいわれましたが、今日は少女の気分、今日は娼婦の気分とか、いろいろあるんですよ、一人で十色くらい。その人の満足する器の開発ということになると、洋服を着替えるように、器でも今日の気分はこれ、という世界の人たちもいるんですよね。逆に器はもういらない、紙で済ませたいっていう感覚の人もいる。その両方の人たちがいるけれど、器が残っていくためには、こちらの人を満足させないといけないわけで、いろんな女の人の器が必要になってくるので、そういう意味でファッション感覚と言うことかもしれないですね。

児玉　テレビで情報番組とか見ていても、背景の棚なんかに器が飾ってありますよね。ああいうのもファッションですよね。使うものばかりじゃなくて、置いて気持ちが和らぐというのもありますね。波佐見焼も今アクセサリーとかを作り始めましたね。

古河　ただ、洋服とかアクセサリーと違って、器というのは食事とか食卓とか室内の生活スタイルのキーになるアイテムだっていう気はするんですけどね。

大澤　東京だと家が小さいんで、いまはもうリビングルームのソファがなくてずっとダイニングにいて、ご飯を食べ終わってもずっとそこにいて、そこでお茶を飲んだりテレビを見たりするから、ダイニングにいることがすごく多い。

だから器というのがすごく密接になってるなあと感じますね。私自身もソファがあってもそこに行ってテレビを見るんじゃなくて、ダイニングで話しながらくつろぐというのが多くて、昔に比べて本当密接になったなあって思います。

松尾　うちは同居している母が目が悪くて、左はもう完全に見えないんです。湯呑みは普通のコップを使わせているので、座りのいい湯呑を探すんですよ。お盆に載せて出すと、よくクラッとやってしまう。重たかったら「重たいけん」って口を運ぶんです。軽くて持ちやすいの、ないかなっていつも探すんですけどなかなかいいのがなくて。障害者用の器って一昔前にありましたけど、ああいうのじゃだめなんですね。だから料理は大皿には盛らないで一つ一つを器に盛って「これ〇〇よ」って、一つ終わったら置いてまた次のを持たせて、と言う感じでないとダメな状態。本当はもう紙皿くらいの軽いのでないと食べられないんで、器って大事だと思うんですね。

中村　義母《おかあ》さん、握力はある？

松尾　握力はある、とにかく目が見えんだけ。

中村　でもやっぱり重たいっていうのは感じられる？

松尾　うん、重たいのはね。「今日はこれ、何の柄かな？」って、柄を見てもわからんのに聞くのね。目の前に出されている湯呑を見て、つくづく感心するけど、これなんかもソバ猪口なんですね、普通の湯呑みより絶対軽い。

太田　もともとはマグカップなんですね。手を外してくれっていわれて外したんですね。マグもあるんですけど、西海さんのオリジナルで、ポットと湯呑みを合せるのにマグだと合わないので手なしにしてくれと言われて。

児玉　いまは工業組合の見本市を見に来るのは女性も多くなりましたか？　昔は男性が焼物の重い見本を担いで出張していましたね。多分男性じゃないと無理だったと思います。今は女性の営業マンもますし、器を使うのも、介護するのも女性のほうが多いと思います。やはり生活に密着しているのは女性ですね！

赤尾　いまは男性でも台所に立たれる方いっぱいいますけど、まだ女性が多いじゃないですか。同僚にも「この食器欲しいけど勝手に買ったら奥さんに怒られるもんね」という人がいて、やっぱり主導権握っているのは女性だと考えると、波佐見みたいな町でデザインもそうですけど女性の力はもっともっと必要になってくるのかなと思いますね。

古河　私も大学で卒業前のゼミの4年生にいうことが二つあって、ひとつは結婚したら家事も男女共同でやりましょうということですね。「ゴミ捨てしてる」なんていう男性がいるけど、ゴミ捨てなんかは家事の内に入らないと。掃除、洗濯、料理といった家事のなかで、掃除と洗濯は機械がするけど、一番複雑なのが料理で、ある程度経験がない男性は未熟練工なんですね。女性は娘時代にやったりしてるから熟練工で、だから主導権は女性が取るのは当たり前なんですよ。料理が一番複雑で、まず企画して買い物に行って、買い物に行く場合、僕も経験あるんですけど、「よし今日はブリ」とか決めてメモ書いて行くけど、店にブリがないとか、アジが安く出ているとかになったら主婦は切り替えるじゃないですか。

ところが男性の場合は、特に料理初心者の男性はそれができない、頭の中にレシピがないからね。だから高いものを買ってしまうとか、作るのも時間がかかるし、満足のいくものが出来て「良かったね、お父さん、なかなか腕前上げたね」って褒められてそこまではいいんだけど、片づけは誰がやるのか。主婦の方は片づけまで含めて終わりと思っておられるから、やっぱり主導権は女性が取るのかな。その点をうまくしないと結婚した後もなかなか奥さんといい関係はできないよ、というのがひとつですね。

それから、共働きで仕事も家事もというとスーパー女性でないとなかなか難しいと感じている女子学生も一部いてるんですね。そうすると専業主婦みたいなのがいいな、という漠然としたイメージを持っている。個人の自由な選択だからそれでもいいけども、今仕事の世界もいろいろ変化があるし、リストラになる場合もある。共働きというのは要するにプロペラ2つだからね、片方が止まった場合も低空飛行でも墜落はせずに何とか飛んでいる。ところが男性だけの稼ぎでやるっていう場合プロペラ一つだから、ここが止まったら墜落してしまうからね。共働きの大変さはあるんだろうけど、やっぱり共働きをイメージしていた方がいいんじゃないの、という話をしているんですけど。

この話ね、女子学生には割と受けるんですよ。男子学生は、結婚してそこまでやらないといけないの？　というイメージがあるのかもしれないですね。

田中　今の古河先生のお話が非常にわかりやすかったですね。育児もしなければならないとなると本当に共働きは大変ですよね。そして子供が巣立っていくと両親の面倒をみる、ということも出てきて大変だけど、でも、有田とか波佐見は焼き物の産地で昔から女性が働いていたんですよね。専業主婦は少なかったと思いますね。生地屋さんのご夫婦の話のように、本当に共働きでずっとしてこられた町じゃないかなと、今あらためて思いました。だから陰の女性の力ってやっぱりすごいですね。

児玉　今でこそ（波佐見町の）道を通行している人を見ますけど、昔はほとんど歩いてる人いなかったですね。みんな仕事をして、高齢者の方もたぶん自宅で転写張りをしたり、何かやってたのかもしれないですね。井出さん（イデアパートナーズ経営者）が波佐見に入り込んでこられた頃に「いろんな地域に行って会議をやっても、殆ど男性ばかりだったけど波佐見は女性を連れて見えますよね?」って仰ったんです。言われて初めて気が付いたのですが、男性ばっかりの会議が多いんでしょうね。「女性が一緒に居るっていうのが珍しい」と仰いました。

田中 大事なことですよね、うまくいくためにも。

児玉 夫婦共通の話題があるといろんなことで広がってくるしね。

松尾 涼子さんはいつも誘ってくれるし、児玉会長が「お前も来い」という感じでね。

児玉 誰でも誘いますね……。

松尾 声をかけられると、「はいっ」という感じでね。

児玉 波佐見にはいろんなおじさん達がいますよね。そういう人達と話す時、半分言葉がわからないそうですね(笑)。

大澤 今回2泊3日で今日戻るんですけど、最初来たときは耳が慣れてないんです、外国語と同じ。でも英語だったら1日2日で慣れるんですけど、ここは3日いないと慣れてこない、慣れてきたころに東京に帰ってしまうんで、結局またよくわからなかった。最初は一生懸命聞こうとします。方言は大事だと思うので、どこに行っても失敗するんですけど、波佐見では、だんだん「ま、いいかって」となるコツを覚えました。

松尾 波佐見弁しかしゃべらないようにしています。方言は絶対大事だと思います。メールも方言です。「そいばってん」とかね。

田中 松尾さんはよく打てるなって思います。感心するくらい方言。

太田 養成講座でも、他所の学生さんばっかりなのにそんな感じです。生地とかロクロとかの講師はおじ様方が多いので、学生さんも半分わからないけど、「たぶん」の感覚でやってるんじゃないかな。

松尾 「ほげとるやろう」なんて。

児玉 「ほげる」って「穴が開く」という意……。

太田　わからないながらもみなさん、結構楽しそうだから、まあ楽しいからいいのかなって。

それぞれの夢

児玉　この後は、今からこういう風にしたいとか、自分の目標や夢を聞かせてください。公の事じゃなくても、こういうことに挑戦したいなとか。

中村　私も考えてたんですけど、改まってそういわれると私の夢ってなんだったのかなって思うんですけどね。大した趣味もなく。うーん、なんだろう。

児玉　なかなかね。いわれるとないんですよ。皆それぞれに家庭では色々な事や大変なこともあると思うんですが、基本明るいんでしょうね。多分、こうして会えたことによってまた何カ月後かにどこかで集まって食事でもしましょうか？　みたいに繋がってくるかもしれないですね。こうして会えて、この女子？　座談会が本になると思うと恥ずかしいような。

話は変わりますが、中村さんは陶器まつりや町外でのイベント等の金庫番ですよね？　で〜んと構えていて、彼女に任せておけば間違いないという存在ですね。

松尾　中村さんおらんとだめやん。

中村　盛介会長にご馳走してもらうのはとっても嬉しいし、いろんなこと聞けてものすごく楽しいんですけど、お話をすると2つか3つ仕事をいわれて、「やっとかなきゃ」となるんですけど、それもこなしていくのが楽しいかなという感じで仕事やらしてもらってます。

松尾　全国でも女性の局長って珍しか。波佐見しかおらんやろ。堂々とされているし。

児玉　全国の陶磁器業界でも稀でしょうね。波佐見の男性から見ても中村さんは仕事が速いっていうのがあるんですよ。全部説明しなくても解ってくれるというか。

中村　ありがとうございます。児玉会長から「そのうち『まだ中村さん居っとね、やめとらんとね』っていわれるまで居るとかな」って冗談をいわれてます。

児玉　たぶん男性たちは中村さんに頼り切っていますね。中村さんは波佐見に帰ってきてよかったですね、地域のためにも。

松尾　そうそう。この前なんか「中村さんの給料を上げてやらないけん」っていっとったよ。

児玉　太田さんはどうですか？

太田　すごく個人的なことなんですけど、10月に伝統工芸士を受けるんですよ。（「すごい」と歓声、拍手）

太田　この場でいうか、すごい悩んだんですけど。夢っていうか、ステップアップとしてまあちょっと受けようと思ってるんです。それまでは伝統工芸って全然考えてもなかったんですね。別に伝統に興味がないというわけじゃないんですけど、自分にとってメリットがあるのかどうかよくわからなかったし。でもこの5年くらい組合の絵付け教室に行っていて、最初は何となく会社でできないような絵付けを、商品としての焼物じゃなくて作品としての焼物も作る時間が欲しいと思って始めたんですけど、教えてくれる伝統工芸士の先生方の話を聞いたり、熱意とかも受けるようになって、だんだん、これはやっぱり残していかないといけない、ということを感じたり、養成講座で学生さんたちに教えるときに伝統工芸士を持っていた方がいいのかなと思って。

田中　それはいいです。太田さん個人のためにはもちろんですし、伝統工芸士の皆さんとの研修会なんかもあるし。私も2年ほど研修を担当させてもらったけど、お歳を召した方が多いし、とってもお上手なんだけど山水ばっかり描いても、私たちの暮らしが変わってきているわけだから。やっぱりあなたのような若くてかわいい人がそういうもの（＝伝統工芸士の資格）を取って会にも入ってくださると会も若返って、後も続けるし。

太田　やっぱり視野が広がるかなというのもあるし。

中村　技術的にも全然違うんですか、会社でやっているのと。

太田　全然違います。特にうちの会社は量販が多いので、どちらかというと簡単な技術で時間をかけずに沢山作る技術の方が主力になってくるけれど、伝統工芸士になると一つの作品を創り上げるというか。

中村　頑張って！　本当。取ってほしか。

児玉　余裕が出てきたんでしょうね。

太田　そういうことまで考えれるようにというか、見れるようになったということもありますね。

児玉　こういう若い方がまたいろんな所へ出て行って下さったら「波佐見は若い人がいるんだ」ということになるしね。

太田　公言してしまったから受からないといけない。技術の試験のほかに一応筆記も少しあるんです。ちょうど昨日説明会に行くと、模擬試験がちょろっとあって。今年はそれが一番目標です。取ったらまた次、何か見えてくるかなと。

児玉　赤尾さんは？　焼き物関係の部署から外されるかもしれない、わからないということが去年あったよね。

赤尾　今年たまたま県北振興局の方に来て、また引き続きご縁があるんですけど、もう次の異動では全く違う部署に行く可能性もあるんです。それはそれで、仕事っていうとなんか距離感があるんですけど、無くなったときにはそれなしでお付き合いできる方がもしかしたら楽しいのかなって思ってます。行政のかかわり方で、波佐見のために何ができるんだろうっていつも思っているところです。単にお金を出せばいいっていう話でもなくて、また県の財政も厳しい中、いったい何が皆さんのご期待に添える形なんだろうって悩んでいます。こういった形でみなさんにお会いできて、またちょっとご縁が深くなったなあとうれしく感じています。

児玉　私たちとしては県庁で焼き物に携われる部署から移動しないでほしいと思っています。

松尾　波佐見町で嘆願書を出さなきゃいけんね（笑）。

児玉　前に全然違う部署にいた時と、焼き物に関わる部署に来た時と、焼き物に対する愛着みたいなものは出てきています？

赤尾　正直、個人の生活では紙皿でいいっていうくらいに思っていたんですけど、やっぱり今、時間がない中でも、買って来たものでもお皿に移して食べるとか、写真に撮るとかするだけでもちょっとテンションが上がるというか潤いが出るのかなと思いますし、お皿の数もどんどん増えています。転勤族なのでどこまで増やせるのかなっていうのはあるんですが。でもやっぱり、食器と、その先にいる人を知ることができて本当によかったなあと思ってます。

中村　私は県と関わることが多いのですが、赤尾さんのように焼き物関係にいて波佐見にしょっちゅう来ていた方っていうのはその後違う部署にいても、何か相談したいときにすごい力になってくださる。個人的にはすごく嬉しいですけど。

赤尾　こちらとしても、離れてもご連絡いただいたりするとすごくうれしいと思うので、どんどん使ってください。

児玉　頼るときは頼ったほうがいいね。ゆかり先生はいかがですか？

悩みながらの人生、波佐見との出合いで成長

田中　教室を始める27年前にすごく悩みに悩んで、悩みの中から仕事を見つけて、夢の実現でずっと走ってきて、つぶさないこと、つぶれないこと、迷惑を掛けないこと、それだけでもう一生懸命来ただけで。もうダメっていうことが何回もあったんですけど、そのたびに誰かが手

をさしのべて下さってここまで来たので、まだ夢の実現の真最中という感じがしています。私も58歳になりますし、母も老いてきています。子育てこそしてませんけど仕事しながら53歳でやっと結婚もできて、別居もしながら母の面倒も看ながら、これからどうして行ったらいいかなと言うのが正直あります。有田焼のためにいっぱい集めた小道具もあり、集まったからよかったと思ってたら波佐見焼とは全然合わなくて、また波佐見焼のために泣きながらお金を使っていっぱい買って、それが和室を占領してしまって、仕事を辞めるとき、これ、どうしたらいいんですかね？ということと、自分自身の新商品をどうやって開発するかと言うことと、いろんなことを考えたりしているところです。でも本当に波佐見の児玉会長はじめ皆さんと出会ったことで、いろんな生き方、考え方を勉強させてもらって、勉強しておかんといかんかったなあ、と思うことばかりです。

1年12カ月の中で10カ月は九州で仕事をして、1カ月は東京や大阪など都会で仕事ができて、残りの1カ月は外国で過ごしたいなあと願望を持っていて、教室の生徒さんにもよく話していたんです。今振り返ってみると、波佐見のお仕事頂いて東京ドームなどいろいろ出張を合わせると1カ月になりますし、出かける余裕もちょっとできましたし、外国も借金してでも行けるわけですし、そういう目標が実現できてよかったなあと思っています。これから先も続くので、で少しでも役に立つように勉強をつづけていこうと思っているところです。

児玉　ゆかり先生は多岐にわたっていろんなことを知ってらっしゃるし、貴重なんです。こういう方、波佐見にはおられないですよね。

古河　特に窯元の方とのコミュニケーションをうまくとられていますね。窯元の方はそれぞれプライドもあるし男性の方が多いでしょ。

田中　そうですね。「女にいわれたくない」っていうのはしばしば感じますね。私もこういう性格ですから「あら、形と柄と合ってないよ」とかはっきりいってしまうんです。そしたら今田功先生から「そんないい方したらダメよ」って声を低めていわれるんですよね。今田先生は、はっきりいわれる場合もあるし、やっぱり「亀の甲より年の功」って思って勉強になります。窯元さんといっても、アドバイスに行くところは社長さんだったり専務さんだったりですからね、伝えるのが難しかったりはします。今田先生がピシャッといわれたら私がぼかしたり、逆だったり、そういう風にやっています。

児玉　今田功さんのことをちょっとご紹介してくださいますか。

田中　東京ドームの〝テーブルウェアフェスティバル〟の立ち上げからずっとなさっている元読売広告社のプロデューサーの方です。最高責任者でオープニングセレモニーのときには皇室の方をご案内されたりしました。もう70歳を超えて、後輩に譲るということで〝エグゼクティブ〟も外れて、ただのプロデューサーになられてます。

〝テーブルウェアフェスティバル〟に非常に情熱を傾けて、またいろいろ創意工夫されたから25回も続いているのですが、その仕掛け人の方を9年くらい前に白山陶器の松尾社長がくどいて「波佐見のデザインの底上げを頼む」といわれたんですね。そこに、私も幸運なことに運転手役に取り立てていただきました。一緒にいるといろんなお話を聞けますので、私が一番勉強させていただいたと思います。もう朝の9時くらいから夜の10時半までしゃべりっぱなしで、それが3日間くらい続くと、私、4日目の朝起きれないんですよ。それくらいみなさんも私も勉強させていただいて、それが一番幸せなことでしたね。だいたいアドバイスといっても1回や2回、3回くらい、補助金で3年くらいですよね。だけど赤尾さんはじめたくさんの方が波佐見に加勢してくださるおかげで9年もアドバイザーさんが続いたってすごいことだし、それにこたえようと工業組合さんも商業組合さんも頑張って来られたし。内部的にはいろいろあっても、だから結果として売上げにも町づくりにもこんな風に影響を与えていると思うんですね。すごいなと思います。今田先生を口説かれた白山さんも素晴らしかったと思います。

児玉　えみさんは、いかがですか?

松尾　実は、主人と一緒に何かお店をやりたいと話をしているんです。ひとつはホテルAZができ、インターを降りて車で来る人や陶器まつりの時など人がいっぱいうちの前を歩いて行きます。隣の店に食べに行くのかと思ったら、みんなファミリーマートに買いに行くんです。外人さんもみんなお弁当の袋をぶら下げています。そこで、観光客が気楽に入れて、「いらっしゃいませーっ」って声を掛けられるような気楽なお店をしたいんです。家の前に県が管理する植栽があり、あれを取り払うと車も停めやすくなるんですね。県に相談すると、理由があれば取り除いていいらしいんですが、自費で百万円かかるんですね。それも必要なことですからやりますけど。私たちは焼き物やってますけど、異業種にいる息子が、帰ってきたら焼物やるっていってるんで、私たち夫婦と喧嘩になったらいけないので、私たちは違う商売をやろうかと主人は真剣に考えているんです。そのスペースもあるのでリフォームすればそんなに金を掛けなくてもできるんですね。夢っていえば、それが本当に夢です。

児玉　それ、初めて聞いた。たぶん、いいおかみさんになる。

松尾　「笑われるけん、人に言うなよ」って。

児玉　でも、いってしまった(笑)。大澤さんは?

大澤　私は去年の秋に始まった代官山の〝あいもこいも(波佐見の方言「あれもこれも」)〟のときに転写シートのワークショップのお手伝いをさせ

ていただいたんですね。お客さまの質問は「波佐見ってどこにあるんですか?」から始まるんで、地図で説明します。人気は絵付けだったんですけど、素焼きに絵を描いて、波佐見に運んで本焼きをして、また戻って来るので時間がかかるのと、お子さんはできないんですね。転写は切って水で濡らして張るだけなんで結構人気だったんです。ただ絵柄が「ちょっとかわいすぎるね(子どもっぽい)」って避けて絵付けに行かれる方もあった。この絵がすごくかわいかったら人気になるのにな、っていうのが頭の中にあったんです。鈴木マサルさんというテキスタルデザイナーが毎年「傘の展示会」を開催して、ご自身の傘を発表されているのですが、今年のゴールデンウィークの開催時に「大澤さん、何か面白いワークショップ出来ないかな」といわれて「あ、波佐見焼のワークショップができますよ。転写シートというのがあって〜」とお話しをしたら、すごく興味を持っていただいて。その方の絵がすごく特徴的でかわいいんですね。動物柄でA3の転写シートにA4を2枚とプレーンのお皿とマグカップを用意して、いくらでもできますと設定しました。お客さんはお子さんが多いかなと思ったんですが、OLさんなど鈴木さんのファンの方が多く、ゴールデンウィーク初日の朝に人が並んでたんです。「さすがマサルさん、すごいな」なんて噂してたら、「私、マサルさんの絵の器が欲しくって」っていう方が波佐見焼ワークショップにすぐ何人かいらっしゃったので、波佐見焼ってそういうポテンシャルがあるんだなと思いました。その会場は青山だったんですけど、銀座のファミリアさんでも鈴木マサルさんがイベントをしたんです。波佐見焼ワークショップの評判が良かったから「大澤さん、こっちでもできませんか」っていわれて、少しだけ残ってるから10組、20組くらいやったんです。今度はファミリアの方が楽しかったみたいで、お子様にもすごく人気だったんで、1

カ月くらい前にファミリアのくまさんのファミちゃんの人形を転写シートにしてクリスマスのワークショップをやりたいって言われてました。私バイヤーが本業なんだけど転写シートが本業になっちゃうかなっていうくらい（笑）、どんどん人と人とが繋がっていくんで、それも波佐見の良さだなと思っています。それは12月には銀座でやるんで、それが成功するといいなというのは短いスパンの夢です。

児玉　転写をね？　何が本業でしょうとなりますやら……。

大澤　なんか仕事の割合が変わってきちゃうんじゃないかななんて。「転写をしてられるって聞いたんですけど」なんていわれて「あ、ああ～」という感じで。でも波佐見の方にも相談すると「あ、やるやる。サンプル送るよ」っていってくださったし、盛介さんも南倉庫の転写をやるところを案内して説明してくれて、私もそこでちゃんと飲みこんでそれを他の人に説明して。これはひとつ仕事に出来るかもしれない。デザイナーさんと組み合わせるのはいいアイデアで、その方のファンの方もいますし、波佐見焼の名前もどんどん広がりますよね。

児玉　オリジナルもね。

大澤　鈴木マサルさんは、この間、波佐見へいらっしゃった時に盛介さんにこの辺りを案内していただいて「波佐見、すごくいい所だね」と、嬉しいお言葉でした。来週「あいもこいも」があるんですけど、ぜひ参加させてっていってたんで。そういった人の出会いを東京でもできればいいなって思います。

児玉　波佐見のファンの方が結構全国いろんなところにいらっしゃるんですね。私は、その人達が波佐見を〝第二のふるさと〟みたいに思ってくださって、何かの時に応援するよ、お金は関係ないけど人と会えるよ、って言う風に広がって行ったらいいなあと思います。後は楽しければいいかなあ。何かの機会に舞台があれば芝居をしたり歌ったりということをしたいなといつも思っていて、あの人にはどういう役をさせようか、とか考えてる。それが楽しくてですね。中には男性も「僕も出演させてくれ」って手を挙げる人もいるんですね。本当は私、波佐見の脚本を書く人がいないかなと思っていて、それがＮＨＫの朝ドラになるといいけど。そういう風なのができればもっと元気になるかなと思っていますね。

中村　さっき大澤さんが、東京でまた出会いができればとおっしゃったけど、私も波佐見出身で東京に住んでおられる方、涼子さんを通していろんなことで顔見知りになって、何かあると必ず来て下さっていて「中村さん、来てたの」って声をかけられるとすごくうれしいです。

児玉　専業主婦の方って名刺を持たないんですね。「波佐見応援隊」みたいな名刺を作って全国で持ってもらって「私は波佐見町の応援団です」って堂々といえるようになってくれればいいなあと思いますけど。

古河　それじゃ時間も来ましたので、私も最後に一言。大学の教員として地域連携で関わらせていただいて、普通、連携の事業などは2年か3年で、本とか1冊出せばそれで終わりなんです。それが不思議な魅力で、どういうわけか続いてこういう風になっていて。波佐見はそもそも元気があるし、やっぱり応援した関係もあって、ぜひ全国区にしたいなと思っています。今でも全国区に近いんですけど。じゃあ波佐見の何がいいのかっていろいろ考えています、自分の中で結論が出ているわけじゃないんですけど。この前うちの大学で、ＪＲ九州の町孝さんが話をされていろいろデータも提示された中で、波佐見は残念ながら平均所得が結構下の方なんですね。でも町さんが「下の方なんだけど、みんな元気がいいし楽しそうにやっている。これってすごいことじゃないのかな」っていっておられました。何年か前に波佐見で「日本再発見塾」

が開催された時、「手の届く幸せ」が統一標語として掲げられました。私たち庶民に手の届く幸せの姿を示している町として、もっと全国に知らせたいなというのが夢というか希望ですね。

それと児玉会長とつき合う中で実感するのは、ある種の一流を目指したいという志です。日本列島の西の端っこの地域なんだけど、東京に負けないような生き方、町のありようとか、人のつながりとかを大事にして一流を目指したい。一流とは何かというとむずしいんだけど、結構外国にもいかれたりして、いろんなものを見たり聞いたりして、すばらしいと思った人を呼んできて朝飯会で話をしてもらったりしているのもすごいなと思うんです。

児玉　謝礼は出せないけど来てもいいよ、という人が本物だというんですね。お金を目的に来る人は本物じゃないって。

古河　私たちは本物に接して本物から学ぶところが多いのですが、本物って何だというと説明がむずかしいけれど、本物のものづくりであったり、本物の人間関係であったり、あるいは僕のような職業であればやっぱり本物に近いような教師、そういうものを目指す。ゴールに到達することは永遠にないかもしれないけど本物に近づく、そういう意識を持たれていると思うんですよ。それを人々にも伝えることが大切ではないか。だから本を作りませんかといってこだわって作って来たというのが僕の中にあるんです。そういうのが夢と言えば夢でしょうか。

大学というのもまずは学生そして大学関係の研究仲間に評価され、教員もどうしてもそこだけに目が行きがちで、大学の中だけに閉じこもっているとネガティブなことばかり考えてしまうことも多いんです。すると世の中の変化を肌感覚で認識することができない。こうした波佐見とのお付き合いの中で、元気の素、ビタミン剤をもらっているようなところが何回かありましたので、そういう意味ではこれからもビタミン剤になれるような町になっていってほしいなと思います。

児玉　楽しいおしゃべりでした。みなさんありがとうございました。あとはまとめていただくということで、以上でよろしいでしょうか。

（２０１７年8月30日に収録）

（写真：山下雅樹撮影）

【座談会参加者プロフィール】

児玉涼子　波佐見町皿山郷出身。亡父は窯元の三男で自社の商品を売っていた。大学時代と結婚後の計12年間を東京で暮らし、波佐見町に戻って32年目。２００２年「つんなむ会」立ち上げに協力する。波佐見町婦人会会長、はさみ観光ガイド協会員。

松尾ちえみ　徳島県出身。東京都新宿早稲田の陶器卸会社に勤務。波佐見町に嫁いで42年。夫が経営する商社で経理事務（集荷、荷造りも）。東京ドームでのフェア、マリンメッセ、長崎浜の町、「はかたdeはさみ」等展示販売で接客業。

田中ゆかり　佐賀県出身。大学で食物栄養学を学び、5年間高等学校勤務後、有田町の食器メーカーにて就業の傍らテーブルコーディネートを研究。佐賀県立窯業大学校非常勤講師、波佐見陶磁器工業組合意匠開発事業アドバイザー、博覧会等にプロデューサー・出演者として参加。平成18年（２００６）より「東京ドームテーブルウェアフェスティバル」長崎県コーナーの産地プロデューサー・アドバイザーを務めている。

中村千織　波佐見町出身。結婚後福岡市および北九州市に在住。波佐見に戻り、２００１年から長崎県陶磁器卸商業協同組合で経理業務を担当し、現在は事務局長。「(株) くらわんか」設立時には出店社の管理やＰＯＳレジシステム作りに携わる。商組「流通ネット」事業立ち上げに関与。見本市協会事務局に従事（年2回産地見本市・年1回消費地東京での展示）。波佐見焼ＰＲ事業の実行委員。常に進化する波佐見焼と一体になりながら仕事に取り組んでいる。

太田早紀　宮崎県出身。平成18年（２００６）、佐賀県立窯業大学校卒業後、(株)中善に入社。仕事内容は絵付けやデザイン等。「波佐見焼サクセッサー養成講座」講師。

赤尾美望　長崎県五島出身。平成9年（一九九七）長崎県入庁。労政福祉課、佐世保県税事務所、議会事務局、秘書課等の勤務を経て、平成26年（２０１４）、産業振興課にてやきもの担当になり、波佐見町との関係が始まる。平成29年から県北振興局商工労政課勤務。

大澤満美子　インテリアショップの立ち上げからＭＤ・バイヤー

を経て、２０１３年からフリーランス。国内外の様々なところへ足を運び、インテリアやファッションを扱う好感度なショップへと提案する雑貨を見つける旅をする雑貨バイヤー。ショップでのイベントやワークショップなども企画し、幅広く活動中の毎日。波佐見には独立前から足を運んで窯元や作り手を訪れ、使い易い日常食器や手作業の美しさに惹かれていく。２０１５年に、西の原にオープンした「GROCERY MORISUKE」の企画や食にまつわる雑貨のセレクトをおこなった。

座談会

「半農半窯」の町が客を呼ぶ
――波佐見町を元気にしてきた秘策を語る

児玉盛介　井手修身　太田聖
澤田健一　城後光
司会：古河幹夫

1．有田焼ブランドからの決別

転機になったNPOの立ち上げ

古河　本日は「波佐見のまちづくり」を語る座談会ということでお集まりいただきました。中心になってこられた児玉さん、応援部隊として大きな役割を果たされた井手さんにいろいろと伺うかたちになると思われます。まず井手さんにお話ししていただくのがいいですかね。

井手　2002年に九州のグリーンツーリズムの大会で児玉さんとお会いしました。当時私は、東京のリクルートの地域活性事業部にいたのですが、そこから半ば強引に（笑）、深澤さんと児玉さんに熱心に引っ張られ、この町にやってきました。最初にホームパーティーで皆さんや児玉ご夫婦2人で、私らのスタッフ2人を歓迎してくれたときに、「すごい！」、この町は門戸を開いてるなという印象をもちました。そのころは、同じ肥前の陶磁器でありながら、有田焼のラベルを使えない時期で、波佐見町全体がもがき苦しんでおられた時期でしたね。

中尾郷の一番上に連れてってもらって眺望したときに、私は、「この空気感がすごく売れますよ。この空気感が」という話をしました。そのときに、「空気感」といった、物じゃないものを売るということについて、多分皆さんはなかなか理解していなかったと思います。そのころ私はいろんな地域で、ツーリズム活動の支援をしていて、この中尾郷の空気感ってすごくいいなと思った。

井手 修身さん

そうはいっても、外からいきなり町に来ても、それを感じる場所がいるので、拠点をつくることを提案しました。そこで、グリーンクラフトツーリズムが任意団体で活動していたのを、NPO法人にしませんかと提案して、深澤さんが代表、児玉さんが副代表になられた。これがきっかけとなって「文化の陶　四季舎」をオープンする訳ですが、NPO法人にしたことがすごく重要だったと思っています。

児玉さんは西海陶器という大手商社だから、窯業の人は皆さん一目置かれてた人です。一方、深澤さんは商社のなかでもう末尾の人で、窯元とか商社という業界で見ると、彼は認知されてなかった。しかしこのNPO法人の代表になって、地域再生を主張しはじめてから、深澤さんを見る目が変わりました。とくに地域の外の人の目が変わってきました。そのきっかけになったという意味では、２００４年は、波佐見の地域再生の大きな分岐点になったのではと思ってます。

実際に文化の陶　四季舎ができたからといって、急に観光客が来たわけではありません。四

児玉 盛介さん

季舎は、基本は地元の人と外の人が交わる場という意味では、人が集まる場、知恵が集まる場、そういう「場」が出来上がったわけです。そのことによって、実は前からやられてた朝飯会も含めて、波佐見に外部の人が非常に来やすくなって、新しいものが生まれるきっかけができたんじゃないかというのが私の持ってる2004年のイメージです。

そのあと（2005年～2006年）ここ西の原の製陶所が廃業して、私が波佐見に来たときは、完全に更地というか、もう廃墟でしたね。

児玉　廃墟ですよね。

井手　2000坪の廃墟だったんですけど、ここどうしようかという話の中で、私は「波佐見アート・デザイン村構想」というポンチ絵を1枚描をいたんですよ。若い陶芸家や起業家とかいろんな人がここに入ってきて、何かの事を起こしたりする拠点にする。「アートとデザインの村構想」は、「それにはお金をかけるんじゃなくて、人材を誘致して何か事を起こせたらいいですね」という話をしてました。すると西の原に、陶芸家の長瀬渉さんが移住してきたのをきっかけに、岡田浩典さんが飲食店「モンネ・ルギ・ムック」を始めて、いろんなものが来始めた。オーナーである児玉さんが、お金じゃなくて人を引っ張ってきて、やりたい人間に何かやらせるという方針を出された。その動きがポツポツと出来上がっていくきっかけになった。私の中では、波佐見焼の器を売るんじゃなくて、波佐見焼がつくった400年の文化やここに住む人とか、そういったものが売れる場所があったらいいなという気持ちが、ここに具体化したのではないかという理解です。これが波佐見グリーンクラフト・ツーリズム立ち上げの2002年から2005～06年に私が一番感じたところです。

古河 それは、波佐見の焼き物を有田焼のブランドで販売する形ではいけないという時期とほぼ重なるのですか？

児玉 そうですね。その前でしたよね。波佐見の焼物の売上が高度成長のあと下降し始めてから……、あれは何年ですか。2000年？

井手 ちょうど2000年ぐらいですか？

児玉 2000年ですね。ずっと落ち込んできた。それで深澤さんと、いまの一瀬町長が行政の長になろうと名乗りをあげたので、じゃあ少し勉強もしなくてはとなった。その前まで深澤さんと私はよくは知らなかったんですけど、一瀬さんの町長選を応援してるときに知り合いになって、一緒にやることになったんですよ。

私は大体、焼き物屋の商社だから、地域全体をどうしようとか、波佐見をこれまでと違う方向にというか、生きる糧をどうにかしようみたいなことは、あんまり分からなかった。でも深澤さんと知り合って、町全体のことを考えようとなった。いちばん印象に残ってるのは、親から継いだ販売業は生活の手段、生きることそのものだけど、単なる手段なんだと。手段なんだから、生業は何でもいいという。そういう捉え方もあるのかと考えさせられた。

振り返ってみると、窯業を手段として理解することと、それが自分の道だと思ってやるのとの違い、意識的な分かれ目だったと思う。だったら農業をやろうが、他の業をやろうがいいことになる。私にはなかなか理解できないところがあったので、いろんなところで開かれていたシンポジウムなどに行ってみようと思いました。

農林省関係のいろいろなシンポジウム、講演会とか、経産省関係、国交省関係のシンポジウムなどあって、日本中各地を回ったんですよ。大分県の安心院もね。安心院が農家民泊を始めたと評判になっていたし、大分県の一村一品運動が盛り上がっていたころです。じゃあ僕らも行ってみようと訪ねて行ったわけです。井手さん、あの何とか村、どこだっけ。

井手　熊本県水上村。

児玉　水上村とかね。そういうところを行脚することをやったわけです。そういうことをしているうちに、いろんなところから〝今度はここでこういうのがありますよ〟という情報が届きだした。あちこち九州はほぼ全部訪ねて回ったね。

井手　２００３年のことです。グリーンクラフトツーリズムを立ちあげ、国交省の地域づくりの補助金を使ってやるときに、たまたま国と県の担当者がそれを応援しましょうというので、補助金申請を出したのですよ。そしたら採択されて波佐見が注目を浴びるようになったわけです。行政が最初はまったく応援してくれなかったときに、波佐見が他の地域と違うと思ったのは、ここがただの農村・農業地域だったら同じように立ち上がらなかったということです。この窯業者たちは、４００年も昔から日本全国、また世界相手に貿易したり商売してる人たちだから、明るくて視点がいい、そのきっかけとかやり方さえ分かったら伸びていくスピードが早いのです。だからこの町はやっぱり官主導でなく民主導がいいんですよ。商社の人たちは地場の会社といえども、外に出かけている人たちなんで、その姿勢は明らかに最初から違うなと思いましたね。

児玉　そういわれても我々には分からないところがある。ただこの地域が生きる方法を考えなければいかんということで、農業にしても、そういう地場産業にしても見つめなおしを始めたころだった。それこそグリーンクラフトツーリズムという名称も井手さんから教えてもらった。「グリーン」は農業で農水省、「クラフト」は工業・産業で経産省、「ツーリズム」は観光だから国交省だと。だから三つ付けときゃどっからでも補助金がもらえるというんで、深澤さんが考えて三つ並べたんです。そうしてひとつの見える形として、文化の陶　四季舎を作った。そのころ、さっき話にでた地域ブランドの問題が出てきたのかな。

有田焼ラベルとの決別？

井手　産地表示の問題ですね。地域ブランドの産地表示で、産地以外の表示はダメとなって、2002年、2003年ごろ、波佐見で作った器に有田焼の表示を付けることがもう駄目になった。波佐見で作ったものを有田焼として売れなくなったのは、本当に、打撃でしたね。

児玉　いや、売れなくなったわけじゃないんです。地域ブランドが問題になり、そこで有田の窯元のグループが、経済産業省に「有田焼」を申請したわけです。そしたら当局から、「有田焼」というのは波佐見も有田も三川内も、肥前地区全体がずっと使ってきた名称であり、歴史的には伊万里港から出荷したときは「伊万里焼」という名称を使い、鉄道ができて主に有田駅から出荷するようになると「有田焼」という名称を使ってきた経緯があるから、みんなで申請して下さいといって差し戻しになったわけですよ。

差し戻しが来たときに、私が商業組合の理事長をしていて、工業組合理事長の一誠陶器の江添さんと、これからは波佐見も有田も一緒にやりましょうと、有田の工業組合に提案した。そしたら、先方は「一緒にやらん」し、「一緒に申請することはせん」と、こういうわけですよ。

最終的に地域ブランドについては、有田の工業組合が波佐見とはいっしょにやらない、そういう形では申請しないといったから、「もう分かりました」といって、波佐見の工業組合の江添さんに、「議事録取っとけ。何月何日、誰と誰と立ち会いの下でこうしたというようなのをちゃんと取っとけ。歴史的なものだから」と。

それから、私は商社だから、全製品に有田焼のシールは全部もう貼るなと指示した。貼るんだったら波佐見焼のシールを貼るから、と命令した。で、当時は木箱なんかに有田焼という判を押して全部出していたのが、全部それを外せと。もうそれを書かんでもいい、たんに「御陶器」でいいと。陶器ということなら適当なブランド名を付けて、(株)西山なら西山って判を押して出しとけと、うちはもう覚悟決めたんですよ。

それから私が商業組合の理事長を終えて、今からもう9年ぐらい前だと思うけど、２００８年かな、波佐見焼振興会の会長を引き受けてくれといわれて、振興会を引き受けた段階から、地域ブランドをしっかり立ち上げていこうと考えた。波佐見ブランドを立ち上げる活動をどういう形でするかというのを考えだしたわけです。

それで、ブランド化の活動は流通業者に対しても消費者に対してもしなくてはいかん。波佐見に来るお客さまに対してどうするかという問題がある。ちょうどそのころ、西九州自動車道の波佐見・有田インターができて、来訪者の9割は有田のほうに行ってたわけです。波佐見に来てもらうためには、お客さんにはインターで降りた後右折してもらわんといかんわけです。右に曲がってもらうには、私たちが作っている器が何だっていうのを確立しなきゃいかんじゃないですか。自分たちの個性は何だっていう勉強を私自身、また行政とか仲間みんなを交えて、それを徹底してやろうということになった。

そこで中野君という波佐見町の学芸員を表に引っ張り出して、いろんな会合とかに出てもらって、波佐見焼の歴史から始まって、波佐見焼の特徴をみんなにアピールするような活動を積極的にしてくれと頼んで、勉強し始めたのがそのころなんです。うちの社員には東京に行くとき、名刺に波佐見焼問屋と書けといって、わざわざ書かせたわけです。

波佐見焼のシールを名刺に押させて持っていくと、まだ世間一般には知られていないから、これは何ですかって聞くじゃないですか。うちの社員には、徹底して波佐見焼は何だということを、勉強させてアピールをするような営業活動をしはじめたんですよ。そうすると、雑誌とか新聞とかテレビとか、取材がいっぱい来るようになった。そういうところから波佐見を宣伝し出した。

そのころから流通の主体が百貨店・スーパーマーケットから、ライフスタイルに着目したセレクトショップ・雑貨店に変わりつつありました。百貨店は依然として有田焼、九谷焼、あるいはウェッジウッドだとか香蘭社や深川製磁のようなブランド品を並べて販売しており、波佐見焼は生活の器だから売り場が別だった。百貨店に波佐見焼の売り場はなかった。でも、波佐見焼は〝生活空間を演出する〟店に徐々に浸透していったわけです。

井手　私が思うに、この２００６年~07年に画期的なのは、飲食店「モンネ・ルギ・ムック」と共に、生活道具の店「HANA わくすい」ができたことですね。この2つが波佐見の変貌を象徴する第一のシンボル的存在になりました。

2. 波佐見ブランドはどうして生まれたか

セレクトショップ「HANA わくすい」

古河　この（座談会を行っている）西の原にある「HANA わくすい」ですね。

井手　「HANA わくすい」が出来たことは波佐見町にとって、一つの転機だったと思うんですね。陶磁器の町なのに、陶磁器を置いてないお店。でも生活のシーンを想定して、生活の多面的な場面の中で使う器以外の品々を揃えて置いたわけです。その「HANA わくすい」と「モンネ・ルギ・ムック」ができて、この場所に、いわゆるカジュアルリッチという、時間とお金にゆとりのある時間の過ごし方が目に見えるようになった。平日の昼間に何気なく訪れる人が、本当にポツポツと来るようになったわけですよね。あとギャラリー「モンネ　ポルト」ですね、この三つができてから、それまで若い女性が来るようになった。やっぱりすごい大きな転換期だなと思いますね。

児玉　そうかもしれんな。あの時アーティストの鈴木ジュンコ（モンネポルト運営者）ちゃんっていたたな。

井手　鈴木ジュンコさんです。

児玉　ジュンコちゃんと岡田君（カフェ「ムック」経営者）と高塚さん（「HANAわくすい」を立ち上げた人物）、この3人がそういう先駆けだな。

井手　やはりこの3人のような感性があって、波佐見焼を売るのじゃなく、この空間の中でやった活動がまさにライフスタイルを提案する活動だった。私にいわせると、２００６年～07年が潮目で、変わり始めた。私は福岡にいたから波佐見って知らない人が多かったんですよ。波佐見って知ってますかと聞いても、ほとんど知らない。徐々に波佐見っていう名前が知られていくきっかけと、陶磁器のスタイルがどんどん変化していくのが、ちょうどオーバーラップしていくと思います。

古河　その２００５年～06年ころ年齢的には比較的若かったと思うんですけども、（株）西山の太田さんにもその辺りのことをちょっと振り返っていただけますか。

太田　そうですね。いま井手さんがおっしゃったグリーンクラフトツーリズムとかは、正直なところ僕は関わりが薄いんです。私は窯元で、児玉会長とは商売でずっとお付き合いさせてもらっています。いまから27～28年ぐらい前になりますが、自分が（株）西山に帰ってきた直後、児玉会長と最初のきっかけは、アメリカに西海陶器支社を作られたときでした。児玉社長にロサンゼルスに連れいってもらって、現地の責任者の大久保君がまだ会社を立ち上げたばっかりで、すごい夢を持って頑張っているときでした。それから10年ぐらいの間にアジアのいろんなところに同行させてもらいました。
　東南アジアが多かったんですけど、シンガポールとかマレーシアとかフィリピンとかタイとか、焼き物の産地にも行きました。現地でどういうふうにして物が作られているかというのを見て回りました。そのころに、われわれは波佐見焼という地場産業として、国内のことしか念頭になかったときに、若い窯元の後継者を中心に10人ぐらい、よくアジアのほうに連れていってもらった時期がありました。

古河　勉強みたいなものですね。

太田　はい。すごく刺激を受けた時期がありました。いまでも鮮明に覚えてるんですが、あるとき会長から、あと10年もしたら波佐見の窯焼きは半分以下になるぞ、生産量も半分以下になるぞといわれたことがありました。あまり現実味がないような気もしながら、背筋がぞっとした覚えがありましたが、実際には、だんだん年を追うごとにそういうふうな状況になっていくわけですね。さきほど有田焼とのブランドの話が出ましたけども、私も工業組合側の人間として聞いていました。商業のほうは、「波佐見焼でいくぞ!」、工業組合のほうも、覚悟を決めろといわれた時期が何回かあったんですね。とはいえ窯元はどうしても有田との取引もあるものですから、ある日突然、じゃあ波佐見焼だけでいきますといえない部分もあって……。

太田 聖さん

井手　西山さんとこも、その頃は有田焼としても売っていたのですか?

太田　うちはもちろん商社さんを通して販売をしていたので。

児玉　そのころは、ブランドっていうのは流通の関係者が決めて、作ってる人はずっと400年間あまり意識していなかった。

太田　全然、意識がなかったんです。

児玉　400年間、つまり創業以来そのことの意識がないんです。

太田　だから覚悟を決めろと言われたときに、なかなかまとまらない部分もあったんですね、正直。さてブランドといわれても……と。

井手　逆にいうと、有田なのか波佐見なのか、その意識すらないぐらい、ここはもう産地として一体化してたのですね。

太田　そうです。

井手　窯元側からすれば。たまたま行政区分が別なだけ。

児玉　行政的な区割りで別々になっただけのことで、われわれも全然意識がなかったんですよ。行政は長崎県と佐賀県だから、役場や県庁に購入してもらうときだけはしょうがないから波佐見焼のシールを貼っていってね。

井手　でも、昔、有田焼は高級陶器、柿右衛門とかに代表される高級志向で、こっち波佐見焼は、くらわん茶碗として日常食器と、そういう区分がついてたのではないですか。

児玉　ううん、全然そんなことはなかった。

井手　じゃあ、消費者の方がただそういうふうに区別していただけ？

児玉　いやいや、柿右衛門とか名前の知られたブランド品は別ですけど、（株）西山さんなどでも有田向けと、普通の窯焼きは全然変わらん。

太田　変わらないですね。

児玉　どちらでもいくらでも生産できていた。波佐見でも手造りの器などいくらでも生産できるから、まったく一緒だった。ただブランドの問題が生じたときと行政に関わる問題だけで、有田焼か波佐見焼かと、ああいうことをいいだされて問題になった。

東京ドーム・テーブルウェアフェスティバル出展

太田　意識が変わったのが、やっぱり東京ドームのテーブルウェアフェスティバルに出展するようになってからです。窯元が大消費地の消費者の声を意識しなきゃいけないんだっていうことを肌身に感じようになってきたのが、ちょうどその時期でしょうか。多分２００６年〜07年ぐらいになるんですかね。

児玉　あれからもう10何年経ってる。東京ドームのテーブルウェアフェスティバルに出展するにしても、波佐見焼としての存在がしっかりしてないと、どこでも同じような商品を販売してるのでは消費者にアピールできない。それが振興会もそこに予算を付ける大きな背景だった。同じ時期に、既存の流通業者に対しても、波佐見焼の販促をずっと県と一緒になってやってきたんだけど、これがなかなか売れない。消費者が振り向いてくれないんですよ。問屋さんや百貨店は売れない原因を追究しないから消費者に対してきちっとしたメッセージを出すことができない。関係者と協議してこれは無理だと、方向を変えざるを得なかった。

言葉は悪いが、百貨店でも量販店でも、陶器なんてのは売り上げの１%、２%の世界だから、その担当者はそれほど重要視していなかった。主力のアパレルとか食品とかだったらもっと真剣に考えるんでしょうけど、陶磁器は全体の比率では低いジャンルだから、要は真剣に考えてくれなかったんです。雑貨のセレクトショップの場合は、生活のなかに器は必ず要りますから、それは生活のひとつの不可欠のものだとして結構認識はしてくれたですね、どこでも。

古河　澤田さんは、２００４年〜06年というと、もう少しお若かったと思うんですけども、その辺りのことをどういう具合にとらえておられたか……。

澤田　波佐見町役場商工振興課長をしてます。当時、２００４年には私36歳でした。グリーンクラフトツーリズムをされるときに、深澤さんたちが役場に来られたのを覚えてます。その頃は税務課にいたので自分とはあまり関係ないと

澤田 健一さん

思っていました。そのころ波佐見役場は何をしていたのかなと思ってふりかえってみると、その10年前ぐらいの平成の3年、4年ごろは、僕らはいろいろまちづくりの計画とか陶芸の里づくり計画とかをコンサルに依頼して計画書をいっぱい作っていた時代だったんですよ。その後平成7年に中尾山の整備が完全に出来あがっていました。観光というより「町づくり」的な要素が大きかったし、それに向かっていろいろな整備をしていたと思います。町づくりの先には観光のことを当時から少しは意識していたのかなと、いま思えば感じますよね。その頃から行財政改革の波が押し寄せてきて、10年間ぐらいはお金を使いたくてもなかなか使えない時代に入っていったという感じがしますね。

児玉　町長が2期目までは何もできなかったっていったもんね。

井手　最初のころグリーンクラフトツーリズム活動は、町と接点がなかったですもんね。

澤田　その頃は多分民間との連携などしてないと思います。そういう感じですね。

井手　私の印象としては、第一の転機が、２００６年頃に西の原が変貌していった時期だったとすれば、その後にもうひとつ大きく変わったのは、第2期は、長野郷の変貌ですね。

児玉　レストラン「清旬の郷」とはさみ温泉「湯治楼」ができた。

井手　長野郷で、器と地元の食のレストランを作りたいという話を受けて、これは小林善輝さん（西海陶器常務取締役）と松下和徳さん（松下建設代表）が手掛けられた、波佐見温泉ファーム……。

澤田　波佐見温泉ファームです。

井手　温泉センターの方の会社は何でしたっけ？

澤田　波佐見プロジェクト。
井手　実は2つの株式会社をつくられたんですよ。この時に初めて行政の補助が入ったんですよ。長崎県の産炭地域振興事業で。今でも覚えてるんですけど、あそこに温泉センターが昔あって、泉源だけ残ってて、もう廃業になった寂れた建物があった。そこに地元の人から温泉センターをもう1回復活させたいという話があって、なかなか今どき温泉センターなんてもう流行らない状況下で、いや、今だったら、外部のお客さんが来るような温泉施設とか地産地消レストランとかを作りましょう、ということでスタートして、確か波佐見プロジェクトは1株5万円で資本金を数千万円集めてますよね。しかもほとんど地元の人が出資してるんですよ。そこに対して町が補助金を出してくれて、はさみ温泉「湯治楼」が出来た訳です。

行政が応援するような機運ができたのは2010年ころですか？
澤田　グリーンツーリズムなどの体験に本格的にかかわってきたのが4〜5年前ですかね。

「とうのう」は「半農半窯」と同意義

井手　「とうのう」関連で各種の体験プログラムが始まったのが2012年。
児玉　あれは波佐見町観光協会と組んで井手さんが指導されてやられたわけですか？
井手　最初に私が立ち上げて、地元の人らに参画してもらった。2012年ぐらいかな、陶農という体験型のいろんなプログラムが。
児玉　「とうのう」と平仮名で。陶器と農業のコラボレーションしたいろいろ盛りだくさんの体験メニューでしたね。
古河　われわれ長崎県立大学関係者は、陶磁器産地との産学連携を始めて、地域ブランドを作ろうと提案しようとしましたが、だけどブランドって、やっぱりこれといった製品の特徴がないと成功しない。じゃあ波佐見焼の特徴って何なのかと考えた場合、波佐見焼は安くて日常普段使いの器。でも、そのような特徴だけではブランドになりにくいというか……。少し踏込んで、有田焼とどう違うんだろうという場合、陶農が特徴ってなると、これはもう明確に波佐見と有田は違う感じがすると思った記憶ありますね。

児玉　やっぱり波佐見には、中尾と鬼木があったもんですから、視覚的（写真映り）にも、これが陶で、これが農だというのは、お客さまに訴えやすい利点があった。他の焼物産地との違いは、明確に生活の器であるということです。上流社会用の華美な装飾を施した贈答用で、われわれ庶民とは違うレベルの生活の人たちが使う器とは明確に違います。波佐見焼の歴史を勉強して、世界一大きな窯があって大量に作っていたとか、くらわんか碗でざっとしたやつを作っていたとか知ると、波佐見は全部生活の器を作りつづけてきたことがわかります。

井手　ほんとうにそうですね。

児玉　だから、いまの時代のライフスタイルに合った生活の器も作ろうじゃないかと訴えた。われわれには生活の器があるということをアプローチしようと。そういう歴史を紐解きながら自分のアピール、われわれの伝統・特質はこういうもんだっていうのを、外に向かっていっていこうという流れができてきたんです。

井手　この「陶農」というキーワードと、もうひとつインパクトが大きかったのは、「半農半窯」の生活は大きかったですね。忙しい時期はみんな窯元の生地作りとかやってるけど、でも兼業として農業もやりながらの営みがある。この「半農半窯」というライフスタイルがそもそも根付いてることが基礎にあって、だから波佐見にはグリーンクラフトという考え方が昔から根づいていた。そこにツーリズムということで人に来てもらう仕掛けを作るところから、今度は陶農として器&食とか器&農業とかをコラボレーションさせた企画が生まれてくるんですね。ここはそういうものが必然的に生まれてきたというふうに思うのですね。

児玉　「半農半窯」というのは、最初、養父信夫さんが「九州のムラに行こう」に書いたのかな？

井手　そう。書いたんですね。

児玉　彼が、「半農半窯」の町だと書いてくれたんですよ。

井手　「半農半窯」のスタイルとか、窯業がすごく分業制で生地屋さんがいて、それはあくまで窯業をやっている人から見れば普通ですけど、外部の私らから見たら、その営みの風景がすごい絵になるということですね。特に中尾山だけじゃなくて、もうひとつの地域、三股とかは、もうほんとに分業のありさまが見えるというか、すごいなと思うんです。

澤田　大抵の農家に小屋がありますので、それが全部生地工場に変わっていったという当時の変貌ですね。

井手　生地工場と農業の風景、それこそ生活文化みたいなものですよね。

児玉　もともとグリーンクラフトツーリズムやってたわけだ。

井手　実態としてはやっていましたね。ただ外部から人に来てもらって、それを見せるとか食べてもらうとか、お金を使ってもらう仕組みがなかったのが、この２００４〜２００５年をきっかけにそれができるようになった。それが具現化されたのがここ波佐見ということで、その後こういう展開になっていったってということですかね。

「素人お断り」の貼り紙をはずしたわけ

児玉　その前は、商社も窯元も一般の客は立ち入り禁止って書いていたものです。うちのショールームでも立ち入り禁止って貼ってあった。

井手　お客さんにはわざわざ内部を見せないというか……。

児玉　見せないんじゃなくて、邪魔になるんですよ。どうして見せないのかというのは、その都度説明せにゃいかんじゃないですか。もうめんどくさい。正直、来てくれるなという気持ちだった。「素人はお断り」とどこでもいってたわけです。極端にいうと、陶器まつりなども最初のころはもう来てくれなくてもいいという部分があった。変化の兆しは窯業技術センター所長の佐藤さんに、「児玉さん、あれだけは外してくれ」って言われたころだった。何やろかと思ったら、うちのショールームの入り口のところに、一般の人はお断りって書いてあった（笑い）。われわれは気付かないわけです。銀行の人とか役所の人とか、知り合いが来たら、どうぞといって内部を見せて説明してたんだけど、一般の人や通りがかりの人が来たら、しょうがなく見せていたという感じだった。ところが一般の人って、普通人の感覚からすると、あの「お断り」って書いた貼り紙はものすごく気になるんだって。そういう状態をもう一度見直そうというのが、最初に言った私と深澤さんが生業としての新しい何かを見つけにゃいかんといって、シンポジウムとか何だとかヒントを求めてあちこちに行ってるころの話ですよね。そうこうするうちに、ああ、こんな貼り紙は外さないかんと気づいてきた。そしてうちのショールームと売り場は別にしようと思ったのがそのころです。

井手　西山さんの展示販売所のレイアウトを変えられたのはいつですか?

太田　あれも4～5年前です。本格的に今の様にしたのは3年、4年ぐらいですかね。

児玉　窯元が店のレイアウトを変えたのも、つい最近だもんね。どこでも、めんどくさいから来てくれるなといった雰囲気を変えて、展示してある器は売り物です、といった風に変えた。

太田　でも会長には、このような状況で、波佐見焼の将来についても、物作りだけで物事を考えるなって随分いわれました。

児玉　私はそれを井手さんから習ったんだ。

太田　私を含め窯元の若い連中は、物作りという意識しかなかったんですけどね。

古河　先ほど井手さんは、生活文化の大切さを述べられましたが、ただ世の中全体としては、例えば自分の子どもに対して、親の生業を継いでもなかなかいい生活を送れないから、いい学校へ行っていい就職をしろという気持ちもある。生活そのものがあまりポジティブにとらえられていないと思うんです。ところが波佐見の場合、誇りにすべき空間とか時間とか生活のスタイルがあるという根底には、何があるのでしょうか。

井手　私がここに来たときに、見事にそういうライフスタイルが残っていた。それは、児玉さんたち地元住民から見たら、あまりにも当たり前でしょうけど、私にとってはすごい衝撃的な風景だったわけですよ。こりゃすごいなと思って。

町さん（JR九州リテール監査役）が湯布院のようになれるといわれたのも趣旨は一緒で、要は結果的には何もせずに残ってるこの状態が、生活の中の文化がきっちり歴史と共に残っていて、これはほんとに見せ方とか、何らかの接点さえできれば、ここには多くの観光客が来る可能性があると感じたわけです。でも西の原に最初にできたムックにしてもギャラリーにしても、やり出したのは外部の人材ですよね、ここに新しいそういう視点を入れてくれたのは。外からの移住者が果たす役割はやっぱり大きいような気がしますね。

岡田君、長瀬君（波佐見に移住した陶芸家）もそうだし、外から来た人間のほうが、ここの良さをぱっと分かって変えていった。ただ、それを「よっしゃよっしゃ」と認めてくれた、いわば旦那衆的なスタンスが児玉さんたちにあったのも大きいですよね。

児玉　それはね、そういうスタンスが出来たのは、やっぱりその前に5～6年間、どうしたらいいのかとうろうろして、あっちこっちを見にいった経緯があるわけですよ。うまくいってない地域もよく見てきました。井手さんが一生懸命応援したにもかかわらず、笛吹けど踊らないようなところがいっぱいあるわけですよね。国から補助金をもらってきて、何か活性化をしないかんと一生懸命やってるわけでしょうが、その割に必ずしもうまくいっていない。その点、僕らはいろいろと世間を見て勉強していたのが大きかったですね。

井手　他の地域で盛り上がってるところを観察して改めて思うのは、窯元は農業者と一緒で生産する人だから、売るという感覚のところが薄いじゃないですか。両者とも作る人でしょう。ところが商社って販売会社だし、視点がちょっと違うから、そういう意味での転換がすごく早いのですよね。この点も他の地域のグリーンツーリズムがスピーディに展開しないのに比べると、波佐見の動きが早かったということですね。

3．観光地としての活路をどう見つけるか

地域で稼ぐ仕組みを

児玉　昨日ちょうど井石郷（波佐見町の地区）で講演したときも、農業者の人はずっと農業者という意識で、隣でこれだけ人がたくさん来ているのに、すぐそばなのに、それを活かそうという意識が薄い。魚がそこにいっぱい来てるわけですよ。参加者の名前は忘れましたが、その地域に家を持ってる人がいた。彼に、陶器で商売をやったら、お客が目の前に来てるから、「あんた陶器で商売をやったらどうか」と言っても、「俺はせん」という。「誰かにさせりゃいいじゃないか、稼げるじゃないか」といっても、そういうのに対して、首を縦に振らんわけだ。

井手　そういう人にとって、新しいことをやるのはもちろん勇気が要りますね。

児玉　魚が目の前にいっぱい来てんのよ。ちょっ

と工夫さえすりゃ、1週間か10日で20～30万円は小遣い銭が稼げると普通は思うわけさ。「あんた稼いでいいじゃんか」っていっても、「俺はせん」て、そういう世界なのさ。そういう人には、昨日の私の講演会では、「わかった、もういい。じゃあ幸せな生活をそこで続けなさい」といわざるを得なかった。何人かリーダーが出てくると、一歩前進するんだがね。それが農業の人ではなかなか難しいところがある気がする。大山町などは別だが。

井手　でも大山町だって主体はＪＡじゃないですか。だから結局農業者ではなく、販売者の方が焚きつけているわけですよ。あれが「木の花ガルテン」とかに具体化する。

児玉　でもあそこは最初から条件が厳しいじゃないですか。

井手　厳しいですね。

児玉　あんな山の中でどうしようもないからね、もうやるしかないからさ。だから打破しようという人が出てきて、流通とか販売とかを考える。どこの産地でも流通がないところは全部駄目ですね。徹底して駄目だ。ちょうど昨日は週刊文春から取材が来た。あの記者は備前のことをいっていたが、備前焼だって砥部焼だって唐津焼だってもうひとつだな。最近は、どっちかっていうと、伊万里焼なんかもそっちの流通をなくしてしまったグループに入りつつありますもんね。三川内焼もそうでしょう。三川内の流通を担う人がいないから。作る人だけが、食うや食わずの状況で頑張ってるだけで、商品を流す方法がない。流通を持ってるところは何とか販売のルートを持ってるから、それに乗る商品さえ作ったら、生き残ってまた何とかできる。

昨日、秀島さん（長崎市教育委員会施設課）が（講演会に）来ていっていたが、野母崎（長崎県南部）だったかどうか不確かなんだが、漁業の人は東京にもう自分でレストラン開いて、魚と野菜を一緒にそこに送って、生産だけにとどまらず消費者むけに流通を同時につくっていくようなやり方が、最近は出てきているらしい。
自分で直接売ると、小売価格で売れるから、流通業者に250円払うよりも、直接1，000円で売ったほうが儲かるわけです。それで儲かると勘違いして、それを始めると、やっぱり今まで1，000円で売ってるやつも経費がかかるから、2，000円で売らんと合わなくなる。他の産地もね、砥部焼なんてまったく波佐見と同じような商品を作っているんですよ。で、窯元が値段は倍で売ってんですよ。砥部を見に行ってさ、分かったよ。こんな器だったら1，000円ぐらいとか、これだったら500円だなって、商品を見て判断するんだけど、全部倍の値がついている。やっぱり波佐見焼が売れるはずと思ったね。伊万里の大川内山でも波佐見の倍ぐらいもするんですよ。だから全然流通には乗らない。一方、作るほうも、10個とか20個とかの注文だと、計画的な生産体系が組めなくなる。

井手　普通の人が器を買う頻度って相当少ないじゃないですか。引き出物として貰って、自宅には皿とか結構集まるんですけど、自ら買いにいく人の数とか多いのでしょうか？　買いに行くとしても、毎年そんなしょっちゅう買い替えるのか？　そんなに多くないですよね。逆に自分の器とかマイグラスができたら、気に入ってずっと何年でも使う。そうすると、店内の展示が変わってないところって、そんなに行く理由もないことになる。その点、ここの西の原というスポットですね、「南創庫」のようなショップに来る人たちを観察してると、ちょっとかわいいから買って帰ろうかみたいな感じになる人と、ほんとに器を目的に買いにきてる人との差が結構ある。ほんとに器目的に買いたい人は、やっぱり有田の陶器市とか波佐見の陶器まつりに来て、めざとく買ってると思うんですよ。
ここに来てる人たちは、そうじゃないですよね。何となくこういう空間の中で、あるいはちょっと友達に何かプレゼントしようとか、本来買う予定はなかったけど、今回のプレゼントをこれにしようかという感じで、何かついで買うというか。そうすると、もうちょっとライフスタイル全体のシーンを楽しめる店などは、売れていくのではないかって気がします。

児玉　でも「くらわん館」は違ってますね。

井手　「くらわん館」は器目的で買いに来てる?

児玉　あれは買いに来てる。確実に買いにくるよ。そんな風に意識していなかったが、波佐見に来たときは、あそこで買うかというお客さんが多い。もうあそこは波佐見焼を買いにくるというような視点の人が随分増えてきて、だから売れてる。と言っても、日本全体のマーケットからいえば、ほんの微々たるもんだけど。

観光地化には宿泊客が決め手

井手　この間の観光客の入り込みの数字とか、陶器まつりは別でしたが、見せてもらいました。すると陶器まつり以外にもコンスタントに月に3万人、4万人と来ているわけですよ。もうちょっと分析すると、平日に沢山来ている。平日の昼間にお客さんが来るっていうのは、観光地がいちばん求めている姿で、これが実現できないわけですよ。平日の昼間にお客さんが来るのが本物の観光地の条件のひとつで、波佐見は、ある部分観光地化されていく。もうひとつが、2016年のホテル開業です。観光地の条件は、やっぱり宿泊ですよね。この宿泊という点で今回ホテルが2棟できて、いま、年間宿泊者数が4万人ぐらいでしょうから、ホテルが2つで宿泊が4万人。今後おそらく民泊とか増えていくと、10万人ぐらいまでは伸びる。10万人ぐらいの収容能力は持ってもいいんじゃないかと思うんですよね。

児玉　ブリスヴィラホテルは客室数を拡張すると聞いているが。

井手　広げてもまだマーケットあるでしょうね。あとは、もう来年（２０１９）の6月に施行される民泊新法で、もっと簡単に宿泊ができるようになりますから、そっちのほうが波佐見にも合ってるかなと思います。

児玉　規制が随分緩和されるんですか？

井手　思いっきり緩和されます。児玉さん宅でも年間１８０日泊めていいですから。年間１８０日泊めるのに旅館業法の対象外になります。必要なのは届け出だけです。今後皆さんの空き家や自宅に、どこでも泊めていいです。来年の6月からもう解禁です。

児玉　何か新しいビジネスができるかもしれない。

井手　はい、新しいビジネスですよ。昨日、ハウステンボスでG1サミットという経営者の会合がありましたが、その話題で持ちきりでした。不動産会社などが旅行業のビジネスに参入できる格好のチャンスですよ。

児玉　じゃ不動産屋は喜んじゃう。

井手　今度は、そういう空き家を束ねて管理する管理会社が民泊をできる権利を得るのですよ。だから、波佐見でいちばん早く反応するのは、空き家を借りて民泊をする、いわゆる運営する会社でしょう。もう間違いなくできます。

児玉　やっぱり少し収益になるってなったら、みんな考えるよね。

井手　それは、大体1泊3，０００円とか4，０００円でお客を泊めれるのなら、それは誰だって空き家のまま保持しておくよりもいいわけですからね。

朝飯会とは何？

古河　次に、少し朝飯会のことについても触れてください。というのは、波佐見の場合、地域が元気になっていく過程で、町内部でのいろんな動きは当然ですけども、外部とのいろんな関係も非常に大きな要因だと思うんですけど、そもそも朝飯会って何なのかあまりよく知られていない。朝飯会とは異業種交流なのか、あるいは打ち合わせ会なのか。

城後さんは、朝飯会のかなり中心的なメンバーですけど、少し自己紹介も兼ねて、いかがでしょうか。

城後　町議会議員の城後光です。朝飯会に私が初めて参加させていただいたのは、5年ぐらい前ですね。そこでまず私が初めて出席したとき、波佐見の内側か外側っていうのは、出席メンバーの方がとりわけ意識されていないという感覚だったです。私の中での定義付けは、月に一度勉強する場所っていう理解ですが、もしかしたら皆さんは参加の自覚度が高いのかなという印象を持ちました。発言される方も聞かれる方も、違う視点から客観的に見る機会ってなかなかないわけですよ。普段の職場ですとか、自分の置かれてる立場から見る視点を皆さん持ってるんですけども、それが客観的にどう見えるのかって、出席者の前でプレゼンテーションすることによって、自分自身も客観視できる。またいろんな人の話を聞いた上で、自分もそうだなっていうのを共感できる。そういう視点がすごく新鮮で、新しく参加者を呼んでくるきっかけにもなるし、出席して良かったという評価にもつながっていく。そういうものが朝飯会なんじゃないかなと思います。

城後 光さん

今後の展開ですが、そこで何か人間的なネットワークができるのが一番強みじゃないかな。そんな中で何か新しいことをやろうとしたときに、そのメンバーの中で一緒に協力できるとか。そういう、有機的につながってる部分が朝飯会の意義というか、意味なのかなというふうに感じてます。

古河　毎回の出席者はほぼ30人ぐらいですかね。主宰されてる児玉さん、いかがですか。

児玉　今回でもう175回ぐらいやってるということは、ちょうどそれと同じような歴史があるわけですね。その歴史の中でいろいろな人が、井手さんみたいに遠方の人はたまにしか来ないとか、年に2～3回来る人もおれば、毎月必ず来る人もいると。来ても来なくても、それはあんまりわれわれも気にしてない。1年ぶりに「じゃあ今度行くわ」って来ても、たまたまの出席だということを、来る側も町内の人もそう気にしてない。ただ長い期間、時間が経過するということは、参加者がお互いのことを互いによく知ってくることになる。この人はこういう人で、こうやって頑張って、こういうことをやっていますという風に。そこを、例えば何かの異業種交流会みたいに利用して、何か商売をしようとか、あいつと仲良しになって何か、せこく、利用しようというような人はすぐ出席しなくなる。そういう場ではないからです。朝飯会を長くずっと続けていますから、参加したい人はいつでも来れるわけです。井手さんが波佐見に何か言いたいことがあれば、そこに来ていえばいいわけですよ。大体主だった人は来てるし、影響力ある人が来てるから、そこで自分の思いをぶつけりゃいいわけですよ。そういう場としては非常にいい。私としても、主宰者側としてもいいかなと思う。

それと、30人～40人の人からいろんなお話を聞くと、非常に勉強になりますね。多方面の人がいますから。全然違うジャンルの、全然違ったこともOK、みんなが何いってもいいわけです。聞く方も、1カ月の自分の生活・仕事経験をもとに、1カ月何もなかったっていう人も何人かいますけど、ほとんどの人が、1カ月のあいだ、今度何を発言しようかと考えてくる。

私は自分のことあれこれ話そうなどと考えていかないから、いちばん最後に統括するだけですよ。人の話を聞くというのは、そういう意味では、私にしても、大体30人の人が1カ月間でいちばん感じたところをその場でまとめて聞いて、非常に勉強になる。

だから、たとえば船橋君（ホテスプリスヴィラ波佐見社長）みたいに、今度はビジネスで何を始めて、こうやってといった自分のPRをすると、「お前はそのくらいにしとけ」と言ったりします（笑い）。そんなことはどうでもいいような話だからさ。こちらも「頑張ってやれっ」と言うぐらいなものです。朝飯会はそういう場かなと思って、私自身も非常に勉強になります。

古河　でも、本当によく続いてますよね。今で100何回？

児玉　175回。

古河　175回なんて、びっくりですよね！

児玉　ただ続けているだけで何てことないんですけどね。

古河　井手さんどうですか？　朝飯会の感想は？

井手　私はある部分、アメリカナイズされた会合だと思う。この朝飯会はまさにブレックファーストミーティングじゃないですか。朝の6時半でしょう。私はいろんな地域に行って、いろんな人の集まる場とかいろいろ見ますけど、だいたい夜鍋談義が多いんですよ。夜の7時とか8時から始まる。夜鍋談義に焼酎が入ったりすると大体は愚痴とかでてくる。いずれにしても女性が参加しないですね、奥さんはとくに。やっぱり朝飯会のえらいところは、ブレックファーストミーティングだから、女性も奥さんも参加できるし、男性、女性ともに参加している点です。朝の会合だから時間も区切られていて、ある面で非常にいいのですよ。だからこの朝にやっているのが、長続きしているし、いろんな多様な人が参加しやすい秘訣だと思う。朝早いですね。私などは、朝5時ぐらいに福岡を出発しなきゃいけないですけど、それはもう、朝やっていることがすごく価値が高いと思ってるのです。

児玉　あそこでそういう後ろ向きの愚痴みたいな話は出ないからですね。それは一切ない。

井手　あとは褒め殺しも秘訣かな（笑い）。そして、自分たちが呼びたい人はただで呼ぶようなことをやって、それもいいですよね。いろんな知恵者とかが集まってくるきっかけですよね。

児玉　ただで呼ぶんじゃないんですよ。いいたいのをみんなで聞いてやるっていう会だからね（笑）。やっぱり私は、例えば三戸先生（長崎県立大学経営学部教授）たちの話を聞いて思ったが、教えるというのは、何かこう、自分が勉強したり知ってる知識だとかを生徒さんとか他の人に教えていくことですね。ところが、朝飯会では自分が何者だというのをいわにゃいかんから、自分のことを話さにゃいかんじゃないですか。知識を披露する場じゃないからさ。同様に石田先生（長崎県立大学経営学部教授）のスピーチのとき、今の学生たちには授業に出席するばっかりじゃなくて、違う局面でも行動するような若者に育てにゃいかんて仰ったのには感心した。おっ、やっと気付いたのかと思ったが、東大経済部卒業の先生が、それを指摘されてもあんまり怒らない。あれは印象的だったですよ。

井手　若い人にチャンスを与えるという方針ですよね。逆にロートル（中高年層）がいつまでも会社にいるのじゃなくて、そうやって若くして辞めていって、そういう人が外で活躍してるのを見て、自分もそうなりたいと希望を膨らませるサイクルがあるのでしょうね。当時は、勤続10年というと、32歳でしょうか。企業でいうと、いまからいちばん油が乗るというか、やっと仕事を覚えて、会社としては彼に投資してやっと戦力になる、その32歳で転職奨励金で辞めていという制度をつくりました。38歳で定年退職というフレックス定年制度がありましたね。また、世間で一定存在価値を認められた企業での

38歳。企業の中でいうと、いい部署・ポジションに確実にいれる年齢を対象に定年退職の制度を設けたりとか、結構すごい会社やなと思いました。

児玉　そういう話を聞くだけで、世の中は、違う発想・考えとかやり方があるんだとしみじみ思うね。

井手　でもそれは上司がいなくなるから、当然下の人間はどんどん自分たちがやりたいことができる機会が提供されるチャンスだと思うんでしょうね。

児玉　企業とかビジネスは変化に対応するスピードがあって成り立っていくことを考えると、なぜさっき大学の先生をやや茶化したかっていうと、世間から隔絶されたところで教育や研究をしてるのだが、でも世の中はそっち側じゃない人も育てなきゃいけなくなりつつある。リクルートみたいな企業で頑張ってやれという人をつくらにゃいかんのに、やってることは公務員でぼちぼちやって、あまり仕事せず、出しゃばらず何とかやっていくような人材を作る仕組みになっているのではないか。私どもが商社という商売をしてますが、社員を見てると大学卒かどうか、そういうのは全然関係ない。得意先でもあまり関係ないし、社内でも関係ないわけ。採用のときも履歴書は確かに見ますけど、どこの大学を出ているのかあんまり覚えてもいない、高校卒か中学卒か大学卒かってサット見るだけ。大事なのは、積極的に物事を自分で考えて仕事をできるかどうかが評価される。

井手　私も役場とお付き合いするのって、この2012年ぐらいからですね。

澤田　地域おこし協力隊の事業ですか?

井手　波佐見役場さんと一緒に仕事するのは、この3年か4年ぐらいで、地域おこし協力隊の件でご縁になっていますけど、役場が結構明るいというか、役場の職員は皆さん結構挨拶をするんですね。一昨年でしたか、役場の職員向けに講演会をしたのですよ。

澤田　井手さんが川棚町の講演に呼ばれた日の夕方に波佐見町でも講演会を行ったんですよね。その時に勉強会をしましたよね。

井手　その講演会とちょっとしたワークショップをやったのですよ。町長も副町長もみんな同じテーブルに着いて議論するのに、なにかワイワイガヤガヤと盛り上がった。開かれているというか、非常にオープンな感じでしたね。役場も結構垢抜けているなってすごく思った。それが2年前の感想です。それはひょっとしたら町長のキャラクター（性格）ですかね。

澤田　役場職員と町長の距離感が近いっていうところはありますよね。

井手　近いですね。意外とそれはほんとうに驚きました。

児玉　井手さんを呼んだのは役場の誰だっけ?

澤田　堀池課長。楠本さん?

児玉　堀池と楠本と前川が段取りして、僕も講演したけど、もういいたい放題でしゃべったね。面白かったのは、昨日の参加者はまったく田舎の人ばっかりだったから、方言、波佐見弁でばっかり話をしてたわけ。で、安徳先生（COC特任長崎大学特任教授）が質問されたけど「講演の内容は何言ってんのか分かりませんでした」というので（笑い）。がっくりきてたね。

井手　話は変わりますが、城後さんのように若い人がよく議員になられたなと思ってます。

城後　私が出た選挙ですが、それこそ私が移住してきたのが4月29日で、選挙が10月23日。選挙で私は483票いただいたんですけど、こんなことはまず通常あり得ないと思うんですよ。だって被選挙権をまだ得て間もない人間に、期待感からにせよよくそれだけ票を入れてくれたと思います。たまたま深澤さんというある程度知名度のある人に応援をしていただいたということで、折り紙は付いてますけど、それにしても客観的に見たら、自分自身なら本当に私という候補者に投票しただろうかって思うんですよね。

だから、そういう新しい候補者に賭けるっていう町民の方の意識は、すごくあるんだと思いました。もうひとつは、議会の中に行っても、同僚議員の方々もそうなんですけど、話をフラットに聞いてくれる環境が、行政にもあるんじゃないかなって、私は議会の中に入って感じたんですね。

児玉　今回の選挙が町議会のひとつのエポックにはなったんですね。城後君が出馬したのもあるんですけど、もう年配の人がどんどん辞めていった。高齢の方がひとりだけ残ってらっしゃるんですけども、その人はもうご隠居様みたいな一歩引いてしか振る舞えない。詳しい内情は私も知らないけど、波佐見の議会の世代交代は今回で進んだなと思う。今後50代ぐらいの人が中心になり頑張ってくれて、新しい議会の在り方みたいなものが生まれるのではと、それは期待してんですけどね。

4．将来の波佐見を任せられる人さがし

芸術系大学への働けかけ

古河　先ほど少し大学の話が出ましたけど、芸術系の大学にも積極的にアプローチされていますね、その辺りも少しお話をお伺いしたいと思うんですけど。

児玉　やっぱり芸術系の大学は、文系・理系大学の通常のルートに乗った生き方、ライフスタイルを描くのじゃない人が大体行くわけですよね。芸術関係の大学は創造するような人が行くわけですから、学生さんのほうも非常に心がフランクというか、既存の価値観と違う自分の生き方の価値観を持ってる学生が多くいらっしゃって、波佐見のいまのわれわれが持ってる、あるいはやろうとしてることの価値観と結構ぴたっと合うというようなことで、行けば向こう

も喜ぶ。こっちから出かけて行って波佐見の伝統的な技術をいっしょに勉強したり、陶作実演をしたりワークショップをやったりしてるんですけど、非常に合うと感じます。これを積み重ねていくと、産地と大学の交流の原点になるだろうと期待している。波佐見に行こうという動きも出てきた。もう今年だけでも3組か4組、10何人の人が大学から波佐見に遊びに来る。芸術系だと大体女の人が多いですけども、もう自分たちでプログラムを組んで訪ねてくる。それが、その次の後継者になるとか、技術が継続することによって、波佐見に新しい文化を吹き込むことになる。いままでは生地屋さんが中心だったんですけど、窯元さんたちも1人か2人ずつは一緒になってやるというふうになると、職人さんの技を見てもらおうという形で、もうどこかの文系学部で人材募集をするよりも、芸術系大学に募集をかけたほうが絶対いい人材が集まるようになる。特にいまから人材を募る場合、クリエイティブな仕事をするとか、自分が作ったものを外にアピールするような人材を求めるためには、芸術系の大学がいいかなって思っています。

古河　いままでは東京藝大とか多摩美大とか、あとどの辺りまで？

児玉　東京藝大と金沢美大と京都美術工芸大学と、今年が武蔵野美術大学と大分県立芸術文化短期大学、五カ所行ったですね。今年は、多摩美と東北芸術工科大学から来てくれと。

古河　向こうから？

児玉　うん、向こうから要請がきてるのはもうひとつ。沖縄の…、沖縄県立芸術大学か。

澤田　その前は、東京とか大阪とかで一般の人や百貨店の売り場の人などを対象にした、「プロ養成講座」や「ファン拡大講座」、「サポーター養成講座」などやっていたんですよね。

児玉　焼物講座でいろんな所に行ってたんですよ。後継者育成とかの名目でね。ところがこの事業も視点を変えないと、予算が付かないものですから、それで学校に変えたんですよ。そしたら、もうそれまでとは全然手応えが違う。波佐見の生き方とか町のありかたに、美術・芸術系の大学が相性がいいとつくづく思うんですね。他の地場産業のところは、どこもこんなことはしていないけど、こっちは20人からの人が道具持っていって泊まり込んで、手間暇掛けてと、どこの産地もできんわけですよ。

古河　じゃあ一回で20人ぐらい行かれるんですか。すごいですね。

児玉　うん。20人が行く。県の窯業技術センターからも行くし、県庁の人も行くし、波佐見町の役場からも行くし、私は代表で行ってるけど、あとは職人さんたちが行く。ほんとに、地域が一体となって、自分の合ってる大学とコラボレーションするというような制度、仕組みができたら、若い人たちと交流することによって、また地域に新しい文化が生まれるんじゃないかと思う。学生たちのほうも、もう決められて、ちゃんとルートに乗っていくっていう人はそれでもいいんですけど、なかには違う生き方をしたいなんて若者がいるじゃないですか。そういう人たちには、新しいきっかけになるかなという思いがしてます。

これだけでもよその産地とは全然違う。新しい風を入れられるとつくづく思った。もっと早くしときゃ良かったなと思ってます。取り組みの熱心さが違うんですよ。普通の東京の問屋さんとか百貨店の売り子さんにしたら、会社が焼き物を売るのに対して、もっと徹底的に勉強をして消費者にアピールせないかんってあんまり思ってないみたいなんですね。納品されたのをただ売りゃいいと、こういうふうに思って仕事をしているわけだけど、他方で学生たちは、自分で製作してるもんですから、もう目の色が違うとか、自分の専門でそれを好きでやってる人たちですから、そうやって一生懸命やってくれるのです。そしたら来客も職人さんもみんな喜ぶわけですよ。これはほんとにいい発見をしたなと思う。こういう人たちがまだ世の中にいっぱいいて、こういう伝統産業っていうか、私どもの焼き物でも、こういうふうに思いをもってくれる人がいるんだなというのは、こっちから言えば発見ですね。

地域の伝統産業に関して言えば、地方は、今疲弊してると言って、自分たちがそういうアピールをする。でもそれを打破するような取り組みをあまりしていない。日本全国、本来ならこういうことができる地域がやっていない。私らは新しい方向をめざそうと考えてこういう風になったんですけど……。

公共交通の便次第で150万人は見込める

井手　将来的な展望で考えると、波佐見町はいまちょうど年間観光入り込み客が100万人ぐらいですよね。宿泊客が年間4万人ぐらいですが、多分私の予想では宿泊が年間10万人で、日帰りが年間140万人として、年間観光入り込み客が150万人ぐらいまで伸びると思います。今のトレンドで仮に1人2，000円の消費単価としても30億円ぐらいの数値になる。そんなこと当初はまったく予期してなかったけど、30億円ぐらいの数値になる。経済的効果のある産業になってくる。もちろん器を買ってもらうのもそうですけど、宿泊の問題と飲食の問題が出てきます。でもその対応ができるようにはなっていないですね。飲食店が弱い。当然夜に食べる所もそんなに多くないし。でも実際は、今の流れがトレンドとしてできると、必要になるのが飲食、物販、サービス業ですよね。パン屋さんができたりとか可能性は十分あると思うんですよ。だから、そういう人たちをちゃんと受け入れられるようになってほしい。現在は駐車場とか道路の問題もあって、今度はそういう基盤整備の問題が出てくる。観光客の中の何万人かは、外国人が来ます。お隣の有田町のＪＲ有田駅にはすごく多く外国人が来ています。有田に来る彼らは公共交通がないとなかなか波佐見まで来れないんですが、そこにタクシーだとかレンタカーとかレンタサイクルとかいろんな仕組みができれば、ＪＲ等の公共交通で来て波佐見が楽しめるということになる。ここはシニア世代でも車がないと来れないのですから、まだ一部の層しか来てないですね。マイカーで来れる人しか来ていない。でも実際のマーケットはもうちょっと幅がある。公共交通でも楽しめることがあると、いまいった１５０万人ぐらいまでは十分伸びるんじゃないかなと思うんですよね。

児玉　そういうふうになったとき、地域としても宿泊とか飲食とか交通手段を整備していかにゃいかんかもしれんですね。

澤田　ちょっと有田波佐見乗合タクシーのデータ、アンケートを取ったところ、今まで、波佐見の観光は車１００％だと思ってたんですね。それはもう絶対譲れないとこだと思ってたけど、でも車で行けない人でも波佐見に来たい人が沢山いるんだと分かりました。じゃあもうちょっとこの路線を整備していかないといけないのかなと感じています。

井手　皆さんの頑張りはありますが、波佐見町は、ラッキーにもやってここまでこれたところもあります。これからは、官民一体となって、10年先をみた観光まちづくりのビジョンや戦略を立てる必要があると思います。戦略的に観光振興に取り組めば、入込客もあと50％ぐらいは積み増しができる可能性もありますよ。それは期待値も込めてです。

古河　座談会をしている、この西の原という場所ですが、数カ月ぶりに来ると、新しいお店ができていたりします。これは児玉さんの貢献が大きいと思うんですけど、ボルダリングの設備も作られたり……。西の原がどんなふうになればいいかというようなイメージをお願いします。

児玉　そんな大げさなもんじゃないですけどね。

古河　いやいや、そんなことないですよ。この間の工業組合の記念パーティで金子参院議員も、児玉さんが自費で西の原の再生に取り組んだと認めておられました。

児玉　なにより、土地があるからね。年にひとつぐらいずつ、自分の会社のお金の流れの中で、このぐらいはできるなっていうのをひとつずつ整備をしていこうという考え方はずっと持っていました。いっぺんに作ってしまったら、もう作ったときが完成だからなかなか大変ですけど、年にひとつづつというか、5年、10年かけて作るんだったらやるほうも楽しいし、次は何やろうかなと思いながら楽しめるじゃないですか。でも観光客をいっぱい呼ぶにはどうしたらいいか、なんてことは全然考えてないんですよ。結果としていろんな人が来るんであって、そんなもん、ここに何十人来て1人1000円出費するから幾らになるとか、取らぬ狸の皮算用しながらやるのだったら大変ですよ。これでは余裕もなくなります。売っても売れなくてもいいと思う、適当にやっとけっていいながらやるから、みんなそこそこ楽しそうにやるわけですよ。

だから、ここで仕事として携わってる人も、何かやろうという人も、私自身もそうだが半ば趣味・楽しみだというふうに思わないと続かない。朝から晩まで今日は売り上げが幾らだとか、今後はそういった時代じゃないと思ってる。「くらわん館」もそうですけど、売るなんてもう深刻に考えるんじゃなく、適当にと思う。極端に言えば売らなくてもいいって。基本的には資本主義社会だから儲けにゃいかんけども、あんまり儲けなくてもいいとさえ思う。みんなで楽しんでいいよと。食うために自分で稼げなかったら困るけど、自分で稼げたら、あとは楽しんでいいよという発想とか考え方だ。だいたい今後はそういうものが要求される時代になっていくだろうと。そうしたら、稼ぐなといっても、み

西の原の町の様子

んな稼ぐようになるか（笑）。

永遠に完成しない町

井手　もうひとつのキーワードは、永遠に完成しない町なのですよ。

古河　永遠に完成しない町ね。

井手　永遠に完成しない町。いわゆるプロセスが、作るプロセスに物語があるということです。意図的には全然思われてないのですけど、スペインのサグラダ・ファミリアみたいな永遠に完成しない町のほうが魅力的ですよね。永遠に何かに進化していくわけですから。

古河　今の特徴づけは良かったです。

井手　永遠に完成しないまちづくりですか？

澤田　さっき農業の話が出たじゃないですか。波佐見は長崎県のなかで一番最初に圃場整備が始まって、整備されて、米、麦、大豆を奨励して作ってきたんですね。それで全量農協出荷をやってきた歴史の中で、小売りで売るとかの感覚がまったくなかったんじゃないかなと思います。でも野菜だったら、もうちょっと売りようがあったんでしょうけど、米、麦、大豆だったから独自に売ることはむずかしかった。そういう感覚も歴史背景の中にあるんじゃないかなって思ったりとか。

古河　波佐見は観光地化するでしょうが、町がもつ雰囲気を壊さないように観光客が増えてこないと困りますね。何かしら、湯布院が今悩んでいるようなことが出てくると……。

城後　そんなことなんですよね。観光客がいっぱい来たときに、じゃあ町のイメージがいい形になるかっていうことを考えなければいけない。

古河　町の雰囲気が崩れる可能性ありますからね。特に大型バス何台かバーッと来て、観光客がどっと移動となると、ちょっとね・・。そういうのをどこまで抑制するのか。

城後　だから大型客船で、インバウンドの海外の方が来るのは歓迎でも、それをメインに地元が動いてしまう、受け入れ側になってしまうと、元も子もないですよね。

澤田　インバウンド関係の旅行会社などにも視察に来てもらったりしてるんですけど、やっぱりあの方たちも理解していて、ここはちょっと少しＶＩＰの少人数で案内したほうがいいよねと助言を受けたりします。だからやっぱり大型バス何台でというのは、ちょっとそのキャパ（収容力）もないし、それは避けなければならないとは思ってます。

古河　それじゃあこの後、今後の抱負というか、波佐見がこんなふうになったらいいなというようなことを少ししゃべっていただきたいと思いますけど、西山さんからどうですかね。

5．魅力と可能性のある町に

今後の抱負――世界でも勝てるぞ

太田　自分は窯元の立場なんで、この数年の波佐見焼の流れっていうのは、すごく知名度も上がってきまして、そういう部分での手応えはすごく感じてるところです。ただ一方で将来を考えたときに、いわゆる後継者の問題のような大きな問題を抱えています。われわれがやらなきゃいけないと思うのは、産業としてどう次の世代に引き継いでいくかっていうことは、やっぱりすごく大きな使命だと思っています。

ちょっと前に児玉会長がいわれたんですけど、波佐見は世界でも勝てるぞっていうふうなことですね。焼き物の産地として、国内はもとよりですけども、いろいろ世界中を見られて、私もいろいろ聞いてる範囲の中でも、波佐見のように物作りのできる産地というのが非常に少なくなってきてると。特に産地の外から見たときに、波佐見焼の持ってる物作りの可能性は貴重ですね。いまはまだ結構人の問題とか技術の問題とか含めて可能性がある。ですから、手仕事の部分だけ残そうというんじゃなくて、うちの会社は量産なんで、量もそこそこ作って残していかないといけないが、例えば生地屋さんとか型屋さんとかの仕事の量も確保していかないといけない。よその産地みたいに、手仕事はとても得意だけど、何か工芸品や美術品の世界だけに残ってしまって、産業としての体をなさないっていうのはいかんと思う。

古河　それじゃあ城後さんは、移住者として立場から。それから朝飯会の常連でもあり、民間での動きを代表する若手になるかと思うんですけど、そういう点からどうですか。

城後　私みたいに他から来た人間の立場でいうと、波佐見で生まれ育った方が案外と波佐見の価値をあまり認識していないのかなっていう感覚があるんですね。例えば息子さんとか娘さんに家業を継いでほしいって思いがあっても、焼き物の世界に入ってくれってなかなかいえない窯元の方もたくさんいらして、もっとすんなりいえるような環境を、私たち外から来た人間もお手伝いできるんじゃないかなって気はしてるんですよ。

なので、せっかく私たちは外から来たので、そういう外の持ってるネットワークを波佐見に生かして、どんどん波佐見の人を引っ張って外にも連れていくし、外からも波佐見に連れてくる。私たちのような若い、ある程度フットワークがある人間がそういう役割を担っていくことで、ここに住まわれている方も改めて波佐見の魅力を感じていただけるような流れをいろんな形でつくっていければ、私たちも楽しくなると思っています。

古河　それじゃ澤田さん。

澤田　グリーンクラフトツーリズムが本町で始まって、少しずつ観光客が増えてきました。この立ち上がりはご存知のとおり深澤さんや児玉さんのご尽力が大きいし、観光に対してレールを敷いていただいたと思っています。その後、さまざまなところで観光発信や体験ツアーの実施など始まって来ました。

今後は、少し整理しコンシェルジュ機能を観光協会へ集約し、ワンストップ窓口化することが重要だと思います。

これまで「きなっせ１００万人」をスローガンにツーリズムや陶農の体験観光、スローライフなどで誘客を行ってきましたが、これからは波佐見独自の８次産業化や滞在時間を延ばし、満足度を高め消費金額を増やす「稼げる観光」を目指し、ワンランク上の誘客ができるように仕掛けていけたらと思います。そのためにも将来の日本版ＤＭＯ（観光地域づくり法人）を視野に観光協会の法人化を目指し、施策や支援内容を関係機関と協議していきたいと考えています。

児玉　３人のお話を聞いてると、今までいろんなことをやってきたのが少しずつ皆さんのところに根付いてきてるかなとうれしく思います。ここ20年、大げさにいえば、この新しいまちづくり、これをどういう方向にしようかと思い悩みながら、右往左往しながらやってきたのが少しずつ皆さんの中に入ってきていた。それとやっぱりいちばん大事なのは、波佐見は窯業と農業の町といったときに、産業の構造を時代と共に変えなければいかんとか、変わってきてるんだというようなことが、行政側とか窯元さん、作る人も真剣に考えて、じゃあどういう構造に変わるんだと議論しなければいけない。例えば、宿泊の形態の件なども新しく検討する。そういうふうにサービス産業的な感覚に変わっていけば、そして行政側もそういう事が分かってくると、行政の窓口はどういうふうに変わっていかなければいけないか町民も分かる。例えば作るほうでこのくらい稼いで、農業でこう稼ぐと。さっきの宿泊業法が変わるとか、町のレストランもこう変わるとか、そういう構造変化に対してリーダーになるような人は、それを明確にキャッチして、その方向に向けて、関連の仕組みや組織を組み立てていくことをしてもらいたいと思う。

ここ西の原なんてのは、うまくいく保証はないが、ひとつボルダリングを作ろうと若い人が言うわけです。そこで、儲かるかどうかよう分からんけど、ひとりの人材を張り付けて、おまえが責任をもって始めろとやらせるわけです。うまくいく場合もいかない場合もあるが、少なくともひとつのビジネスの形を作るわけですよ。民泊もひとつだし、やっぱり形を作って、そこに資本と人材を投下して、そこで中心になってやっていく人が動きだすという仕組みを作らんといけない。例えば焼き物でも、ちっとは売れるのを作ろうとして、多少は売れるかもしれんけど、そこに留まるのじゃなくて、新しいビジネスのモデルを自分で考えて、一歩進めていかんといかんわけですよ。うまくいったりいかなかったりするけど、新しい産業分野ができるんですよ。

行政も、いま、観光客が増えてきたんで、

これだけ形を作ってしまうぞ、組織を作るぞと努力しなければいけない。そして今まで、5，000万円か幾らか知らないが、あと5，000万円出して新しく作ってしまうぞというような覚悟が要るわけだ。ハードに対しては、どこでも文化何とかセンターを何十億円もかけて作る。それは目に見えるけど、これからはむしろソフトに関して、それをちゃんと実行していくだけの器量というかリーダーシップというか、人間の覚悟が必要な時代かなというふうに思って、昨日も講演会で、「やるなら、もう覚悟してやれ」と、リーダーになる覚悟のある人ならやれといった。リーダーになるつもりのない人は反対はするな、後ろからでもいいからついてこいとね。私どもとしては今後は、大体考え方としてはいろいろ浸透してきたから、もう一歩踏み出して、仕組みとか形を作っていきたい。そこは役場なり城後君のいる町会議員なり、窯元さんなりで、また、われわれ商社なりにも作っていかないかんと思う。もう一歩踏み出すときに来たかなと思っている。

今、（太田）聖《きよし》君の会社の話を聞いてたら、少しずつ浸透してきたのかとか、澤田君にしても城後君にしても、同じような話をするわけですから、うれしいと思って、ますます私はもう何もせんでもいいかなと思ってますよ（笑）。

城後　そんなことないですよ。

児玉　もう一歩立ち上がってくる人がいたら、ときには金と時間とかけて、僕らが見て客観的なアドバイスはするけど、若い人たちが立ち上げるのが、意外とわれわれが考えるよりも大体上をいく、うまく超えていくね。以前のうちの会社でも、これは多分売れんぞ、絶対やめとけっていうような製品がよう売れるんだから、「えぇっ⁉」と思うのがさ。ボルダリングもそういう意味で設置したんですよ。あんなの作るっていったって、僕らじゃ頭が付いていかなかったな。そんなものに人が来んのかねとか。それでもさせてみようというふうな感じですね。
役場は大改革はなかなかできないけど、ハードはしやすいのね。でもそうじゃなくて、ソフト面、構造面で仕組みを変えるのはやっぱり難しい。

澤田　ちょっと前より今のほうがやりやすくなってるんですよ。地方創生などで予算も付きやすくなっているところもありますので、あとはやる気ですね。

児玉　県とか国の予算も付けやすくなってるから、やる気があれば、それは応援もしやすくなっていて、行政も随分、県庁も随分変わってきたなと思う。前より近くなったですよね。

古河　私は、井手さんとか町孝さんじゃないけども、波佐見は九州を代表するまちづくりの地域になれると思うんです。だから元気な風をぜひ日本全国のいろんなところに届けてほしいという気持ちです。それから、専門家は本の世界で生きてますから、文字になったものを重視する。一方、現場で一生懸命やっておられる方は、「現場知」といったものをいっぱい持っておられて、それはこんなふうに座談会をやって根掘り葉掘り聞いたりしないと出てこない。

城後　表面的な部分しか分からない。

児玉　観光ガイド用の本、新しく作り直した白い冊子も今作ってるじゃん。あれを読んでると、波佐見の歴史が書いてあるやないの。あの本も非売品じゃなくて、ちゃんと定価を付けて、観光協会でも波佐見焼振興会でもみんなに買わせたらいい。商業組合も50冊買えと。そしてそれを商業組合に買わせると、しょうがないから、みんなに配るわけだ。読まない人は読まんやろうけど、読む人は読んだら、やっぱり波佐見を知ることになるんさ。あの今度作ったのは澤田君の課が作ったのか、あれどこの課で作ったの？

澤田　今、作り直してるものでしょうかね。ガイド協会ですか？

児玉　ガイド協会か。しかしガイド協会などは、そういう広く知らせるためという発想がないんじゃないか。

城後　自分たちだけ。

児玉　自分たちだけとか報告書的なんだ。報告書を作ったら広く読ませるとか、買ってもらう報告書を作ると思ってみろ、全然違ってくるから。振興会がお金出して買い取っても、読まん人も当然いっぱいいるよ。そんでもちゃんと作るんだ。役所のあの報告書も、読まれる本、金が取れる本にする。みんなに買わせる。強制的でも構わないから、買わせる本を作ったらやっぱり違ってくる。昨日貰った本だが、読んでみると、波佐見の観光協会がガイドするときに知っとかんといけない基本的な波佐見の歴史等を書いてあるわけ。あれだけでも随分勉強になる。

城後　勉強になりますよね。

児玉　うん、勉強になる。でもそんないい本が、観光協会のガイドさん以外のところにはなかなか回って行かない。

城後　もったいないですね。

児玉　もったいない。だから、町会議員の人でも、役場の人でも、あれを全員読めと、試験をするぞくらいプレッシャーを掛けて読ませなければいかん。町関係者は波佐見をやっぱり外に向かって発信しなきゃいかんじゃないの。でも以前、僕が波佐見焼の定義を町会議員にもみんなテストするぞって言ったんだ（笑い）。なぜかというと、勉強してもらいたいからさ。それを知ってもらったら他で言えるようになるんだ。知らなかったら言えないさ。知ってたら、どっかに行ったとき、自分たちの地域はこうだと、誇りを持つわけ。今回は（太田）聖が登場しているから、工業組合の若い次の経営者の人にはぜひ読んでくれと。これを精読してくれというぐらいに言って。それでも読まない人はいるんだけど、繰り返しそういうのをやらにゃいかんなって思う。

澤田　タクシーの運転手にも読んでもらいますか？

城後　そう思います。観光ガイドするタクシーだったら、訪問客にどこへ行ったらいいですかと絶対聞かれますからね。

児玉　人と接する人は必ず聞かれますから。われわれみたいに、外に出る人も必ず、お前は何だ、波佐見焼は何だって言われるわけだから。それが有田焼だったら、もうブランドとして固定してるから、改めて知る必要性がないんじゃないか。その点、波佐見焼はブランドとして確立過程にあるから勉強しなきゃいけない。逆説的だが、波佐見焼について誰もよく知らんから。

城後　外から来た人間にとって、尋ねる人によってそれぞれ違うことを言われるのも面白い点ですね。こっちの人はこう言い、あっちの人はこう言う、どっちかなみたいなのも興味をひかれます。

児玉　だから、全員には無理だろうが、ある程度外に出かける機会のある人やリーダーの人たちには、勉強して自分なりに波佐見焼とその歴史的背景の知識を身に付けてもらわにゃいかにゃいかんなと思っている。

城後　それもさっき井出さんが言われたような、観光都市として波佐見が一歩上がる一つの要因でもありますよね。

児玉　そうです。だから私はいろんな講演会に呼ばれたときには、そういう地域全体の文化水準をあげることを念頭において話をするようにしている。そういうことが必要だという認識は最初はあまりなかったけど、今はむしろ自分の生まれた場所が波佐見で良かったと思う。とにかく波佐見焼をブランド化しなきゃと思うから、波佐見のことをしっかり勉強しなければいけない。有田の人は実は有田焼のことをあまり知らない。有田焼ブランドが確立してしまっているから・・、私のほうが知ってるくらいだ。有田の人はまだ有田焼のほうが上だと思っている。私たちはいったんどん底を経験して、波佐見焼の特徴・個性は何かと一生懸命模索して、ようやく光が見えてきた。それを何とか若い人たちにバトンタッチしたい。過去の伝統だけに胡坐をかいていると、時代の変化を掴むことができない。まあまあそういうことだ。

古河　それではこのあたりで終了にしましょう。2時間にわたる座談会ありがとうございました。

（2017年10月15日収録）

（写真：山下雅樹撮影）

【座談会参加者プロフィール】

児玉盛介　1949年生まれ。同志社大学卒業後、1972年西海陶器㈱入社。1983年代表取締役就任。2004年長崎県陶磁器卸商業組合理事長に就任、2008年理事長退任後波佐見焼振興会会長に就任波佐見焼の知名度向上とブランド確立に努める。同年NPO法人グリーンクラフトツーリズム研究会を立ち上げ波佐見町の活性化に努める。現在　西海陶器㈱代表取締役会長、波佐見焼振興会会長、NPO法人グリーンクラフトツーリズム研究会　理事長。

井手修身　イデアパートナーズ株式会社　代表取締役。観光・まちづくり総合プロデューサー。熊本県出身。㈱リクルート入社後、1996年「地域活性事業部」を新規事業で立ち上げ、全国の地域振興を手掛ける中、2002年、波佐見町を訪れる。2004年NPO法人グリーンクラフトツーリズム研究会の設立に携わる。2006年福岡で、「人材×マーケティング」で観光・集客事業のバリューアップを行うイデアパートナーズ㈱を設立。波佐見町とは、陶農レストラン立上げ、体験プログラム「とうのう」等の、地域活性化において、長きにわたり手がけている。

太田聖　波佐見町出身。窯元五代目。東京の大学を卒業後一旦帰郷し、佐賀県立有田窯業大学校にて陶磁器製造の基礎を学ぶ。卒業後、神戸市の販売会社で百貨店営業などを経験後、1990年（株）西山入社。2004年代表取締役就任。

澤田健一　波佐見町出身。昭和63年波佐見町役場入庁。住民福祉課、建設課、農林課、税務課等の勤務を経て、平成22年に商工振興課商工観光係でやきものや観光等の担当となり、関係団体とともに産業振興にたずさわる。平成28年度から現職（商工振興課長）。

城後光　福岡県出身。下関市立大学卒業後、広島市にて勤務。転職により東京都にてインターネット通販会社に9年間勤務。大学先輩の紹介で波佐見町の人物と出会い、年に数回東京より足を運ぶ。平成28年4月波佐見町に移住。同年10月の町議会議員選挙に当選し現在1期目。

古河幹夫　京都府舞鶴市出身。大阪市立大学卒業。京都大学大学院（経済学研究科）修了。1987年長崎県立国際経済大学（後に長崎県立大学に統合）講師となる。現在は長崎県立大学教授（専門は社会・経済システム論）。『社会経済思想の進化とコミュニティ』（共著）。2008年から県内陶磁器産地との連携に取り組む。『波佐見の挑戦』、『波佐見焼ブランドへの道程』、『長崎の陶磁器』（いずれも共著）。2013年から副学長として大学改革に努力する。『地方大学の挑戦』（共編著）。

陶磁器産地

波佐見のモノ・コト・ヒトを考える

伝統技術ディレクター　立川　裕大

はじめに

長崎出身の私は伝統技術ディレクターという肩書きで東京をベースに活動している。建築家やインテリアデザイナーといったクリエイターと、特化した技術をもつメーカーや職人の間を取り持ち、内装における家具、照明、内装材、アートワークなどをオーダーメイドで一品ずつ誂えている。技術といってもさまざまだが、とりわけ漆、箔、鋳物、竹細工など、日本に根付く伝統技術を最新のインテリアに持ち込むことにかけては得意分野としている。

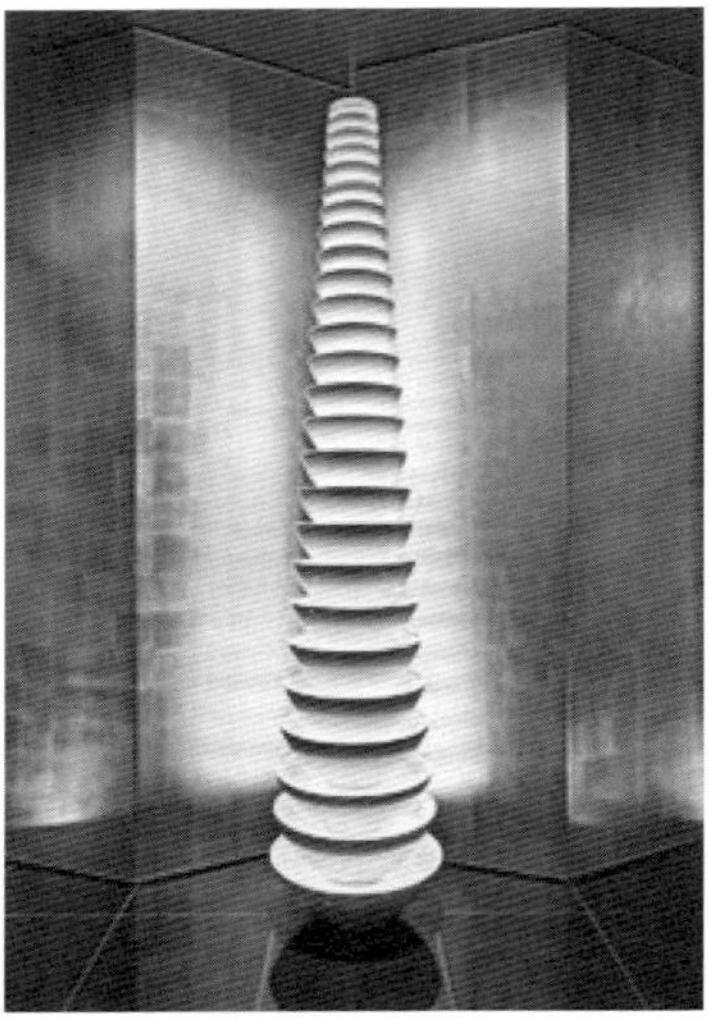

東京スカイツリーで展示されている波佐見焼オブジェ

私の性格的なこともあって、単に図面を元に品質管理した物を産地で作り出すだけでなく、富山県高岡市の鋳物産業であったり、波佐見焼であったり、いつしか伝統工芸産地全体のブランディングや地域の活性化に関与するようになって久しく

筆者が製作管理した東京スカイツリーのアートワーク

なった。職業柄、視察、打合せ、講演などで日本各地の産地から産地へと足を運んで現地の方々と接する機会にも恵まれているのだが、そのような立場から４００年以上続く陶磁器産地である波佐見を検証したい。

現在、東京で波佐見焼のことが話題になると、「好きで使ってます」「行ってみたいと思っているんです」など、非常にポジティブな反応が返ってくることが多くなった。センスのよさを売りにするショップの店頭でも高い頻度で見かける。そもそも波佐見焼の存在さえ知られていなかった10年ほど前のことを思うと、まさに隔世の感がある。

最近の象徴的な出来事でいうと、私も企画で参加させていただいて２０１６年から2年連続で開催した、波佐見焼振興会主催の「長崎・波佐見焼展 あいもこいも」では、展示場として25年の歴史を持つ代官山ヒルサイドフォーラムの来場者記録を各回ともに更新するほどの賑わい振りであった。毎年東京ドームで開催される「テーブルウェアフェスティバル」でも波佐見焼コーナーの売上はどこの産地よりも多いというし、ゴールデンウィークの陶器市での賑わいも大変なものだ。

この変化はいったいどこから生まれてきたのであろうか？ 私が波佐見に深く関与してきた、この10数年ほどを時系列で考察してみたい。

あいもこいも（会場デザイン：原田圭、グラフィック：DEJIMA GRAPH）

オープンイノベーション――「朝飯会」という地域起こし活動

　まずは波佐見で継続されている地道ではあるが後に有効な成果を導くこととなる活動について触れていきたい。地域の活性化を目的に、毎月第一土曜日の午前6時半から開催されている朝飯会《ちょうはんかい》がそれである。一瀬政太町長が現職に就任した１９９８年から始まり、いままでになんと１７０回以上も開催され、現在もなお継続中である。タイミング的には産地出荷額も激減し、地域の活力が停滞していた先行きが見通しにくい時期に始まったといえよう。

　この朝飯会は、ＮＰＯ波佐見グリーンクラフトツーリズムの元代表深澤清氏と波佐見焼振興会会長の児玉盛介氏が中心になり、毎回20～30人ほどの波佐見町内外の有志が集まりテーマは自由に参加者同士が意見交換する。時折各界で活躍するゲストから講演していただくこともあるそうで、いままでに矢野弾氏（矢野経済研究所特別顧問）、藻谷浩介氏（日本総研調査部主任研究員「デフレの正体」等著書多数）、内山節氏（哲学者　森づくりフォーラム主宰）といった錚々たる知識人が、信じられないことにほぼ手弁当でご参加いただいてきたそうだ。

　そのように第一線で活躍する方々らしく、講演の際には入念にリサーチしたうえで臨まれることもあって、第三者の知的な目線でスキャンした波佐見が浮き彫りになり、そのうえでの意見交換となるので随分とクオリティの高い知見がその場にストックされることになる。それを座学に終わらせず、地域づくりやものづくりにどう活かすことができるかを皆で真剣に考え実践する。ときには講演者の人的ネットワークも活用させていただくなど、他者とうまく関係を築きながら、自分たちなりのアウトプットに漕ぎ着けるという、まさにビジネスの現場で昨今よく耳にするようになったオープンイノベーションという概念を、誰から教わるでもなく20年も前から継続しているのである。

眉間にシワを寄せて討論するのでなく、来る者拒まず、あくまで楽しく笑いの絶えない場だというのも波佐見人らしくもあり、それが継続の源でもあろう。こういった波佐見人気質はオープンイノベーションにはうってつけなのかもしれない。

デザインの波佐見——森正洋氏の並外れた功績

次にデザイン界に精通する立場として触れておきたい話題がある。まずは窯元である白山陶器とそのインハウスデザイナーであった森正洋氏（1927—2005年）の存在がそれだ。2000年前後からBRUTUSやPENなどの男性情報誌が起点になってデザインブームが巻き起こり、プロダクトデザイナーという存在そのものがクローズアップされるようになった。それにつれて生涯でGマーク選定商品だけでも112点、ロングライフ賞受賞作は30点にも及ぶ並外れた功績を残された森氏の存在が、大きな注目を集めるようになる。

白山陶器の商品はリーズナブルなものが多く、手軽に使えるデザインプロダクトとして販売も好調に転じ、2003年には東京・青山に直営店を出店するまでに至っている。

続いて陶芸家の長谷川武雄氏、デザイナーの城谷耕生氏や富田一彦氏といった長崎出身でデザイン性の高いプロダクトを生み出すクリエイターが窯元と手がけた商品が店頭や誌面を飾る機会が増えたこともあって、デザイン感度の高いバイヤーや出版関係者などオピニオンリーダー的な存在から陶磁器産地としての波佐見の認知は始まり、徐々に一般の生活者へもその名が伝播し始めた。いまでこそ「伝統工芸産地×デザイナー」という図式で世に送り出されるプロダクトは数多く見かけるようになったが、陶磁器業界では波佐見焼のアクションがもっとも早い時期から目立っていたのだ。

都市部での波佐見焼の認知は洗練されたデザインから始まったといっても過言ではなく、それがマルヒロや堀江陶器、東京西海などへと継承され、現在でも市場ではデザインが良く日常使いの食器産地としての良好なイメージが持たれている。

波佐見焼宣言──有田焼との決別から

一方で2006年に波佐見焼の産地内に大きな改革の波が押し寄せる。その立地の特性上、長年、有田焼の下請け的な立場を良しとして、波佐見焼そのものを市場に訴えることに熱心ではなかった。ところが産地表示を巡る世間の目が厳しくなったこともあり、いよいよ独自の打ち出しを模索するタイミングが訪れ、「これからは波佐見焼としてやるぞ!」という号令が産地のリーダーである児玉盛介氏から発せられることになった。私が勝手にそう呼んでいるのだが「波佐見焼宣言」の発令である。

ところが、そういった経緯から産地の当事者が「波佐見焼とは何か?」「他産地と何が違うのか?」というシンプルな問いに答えることができない。今まではそこまで深く考えなくてもよかったのかもしれないが、これからはそうもいかない。波佐見焼宣言の初っ端の仕事は自分たちのアイデンティティを明文化して産地全体で共有しようということから始まる。結果、現在では「波佐見は常に大衆向けの焼物を作ってきました。ということは時代時代の生活文化に貢献するような商品を市場の求めに応じて作ってきたということです」と児玉氏はアイデンティティをそう言い切る。自分からの発信よりも、まずニーズを捉えてそこに調和させるということである。少し消極的に聞こえるかもしれないが、私はこれこそが波佐見焼の強みだと納得している。

私は同じ肥前地区の焼物なのに、波佐見と有田がどうしてこうも性質が違うのか昔から不思議でならなかった。長年考えてようやく辿りついた仮説だが、それは長崎と佐賀の県民性に由来するのではないだろうか。長崎の人間は細かいことにこだわらず楽天的、おおらか、好奇心旺盛、新しもの好きとよくいわれる。400年もの歴史があっても、当世風の物事に興味を覚えればフットワーク軽くチャレンジできる波佐見焼は、まさしく長崎人気質そのものだ。今までに固執せず、これからに適応する。美術工芸品の市場が盛り上がれば、そこに対応する技術も持っている。このフットワークの軽さは、もはや波佐見焼のアイデンティティといい切ってもいいのだろう。児玉氏の話は続く。

「だったら今のライフスタイルに徹底的に合わせた個性的な商品が作れるのではないかと。そして実際にみんなで作るようになって状況が好転しました」。

まず自分たちのアイデンティティに正面から向き合えたことが、波佐見焼復興の狼煙となり現在に繋がっている。

他所者・若者・馬鹿者――「モンネ・ルギ・ムック」の役目

陶磁器業界以外の視点から考察してみよう。2003年以降、また新たな変化の兆しが起こるのだが、それはいわゆる「他所者・若者・馬鹿者」の登場だ。先鞭をつけたのが陶芸家の長瀬渉氏（山形県出身、ながせ陶房）、その後に飲食業界出身の岡田浩典氏（東京都出身）と同じく陶芸家の阿部薫太郎氏（岩手県出身、西海陶器勤務）が続く。長瀬氏と阿部氏については波佐見焼業界ではもはや立役者としてお馴染みだが、ここでは岡田氏が果たした働きについて触れてみたい。

岡田氏は東京の飲食業界で修行を積み、全国を旅していたが縁あって波佐見に移住を決める。彼が西の原地区のほぼ廃墟と化していた製陶所跡地で昭和初期に建てられた古い事務所棟を仲間たちと改装し、カフェ「モンネ・ルギ・ムック」をオープンさせたのは2006年のことである。車でなければ行けないような同地区で「こんな場所に何でまたカフェを?」といぶかった人も当時は少なくなかっただろう。しかしその心配は杞憂に終わる。料理はもちろん、岡田氏の個性的なライフスタイルやスタッフたちのフレンドリーさ、自分たちの手で作り上げた内装の独特の空気感が支持され、徐々に長崎、佐賀、福岡エリアを中心に感度の高い層の話題を集めて人気店へと成長して行った。

私はこのモンネ・ルギ・ムックが起点になって「町外から波佐見に人が来始めた」という現象が現在の波佐見の勃興の起爆剤になったと見ている。カフェという存在は面白いもので、お腹が減っていようが満腹であろうが、ビジネスであろうがプライベートであろうが、感度が高かろうが低かろうが、老若男女が集える特異な場所である。しっかりとした魅力があれば遠方からであろうと客は集まる。モンネ・ルギ・ムックの集客力の高さが西の原エリアの他店の出店の後押しとなり、今では雑貨、アート、コーヒー、食材、アイスクリームなど個性溢れるお店がひしめき合って活気溢れる一大ホットスポットに成長した。本来の産業である窯業でも農業でもなく、一つのカフェが起点となり波佐見に新たな生態系が出来上がったことには大きな驚きを覚える。

日本各地の産地でよくある話だが、具体的な仕事のアポイントがある場合は別として「あなたの産地に遊びに行ってみたいのだけれども、まずどこに行けばいいですか?」と問われた時、多くが答えに窮してしまう。行政の出先機関ではコンテンツの精度、空気感、限られた営業時間等で紹介しづらいのが本音。不特定多数の人々が気軽に楽しめて出入りできる、地域が誇るような施設やエリアを持つ産地というは稀なのだ。しかし波佐見の場合は「まずはモンネ・ルギ・ムックのある西の原へ足を運んでみてください」と胸を張って誘致できる状況が形成された。知らず知らずのうちに来訪者のファーストコンタクトの場が出来上がっていたのだ。いったん波佐見に来ていただけたのであればこちらのものである。ホームでは試合は有利に運ぶ。ゲストはせっかくここまで来て地元へトンボ帰りするのはもったいないので、周辺の見所なり施設なりにも回遊するようになり、波佐見のファンになる。人が来るようになれば自然に飲食店や物販店も増えて行くし、最

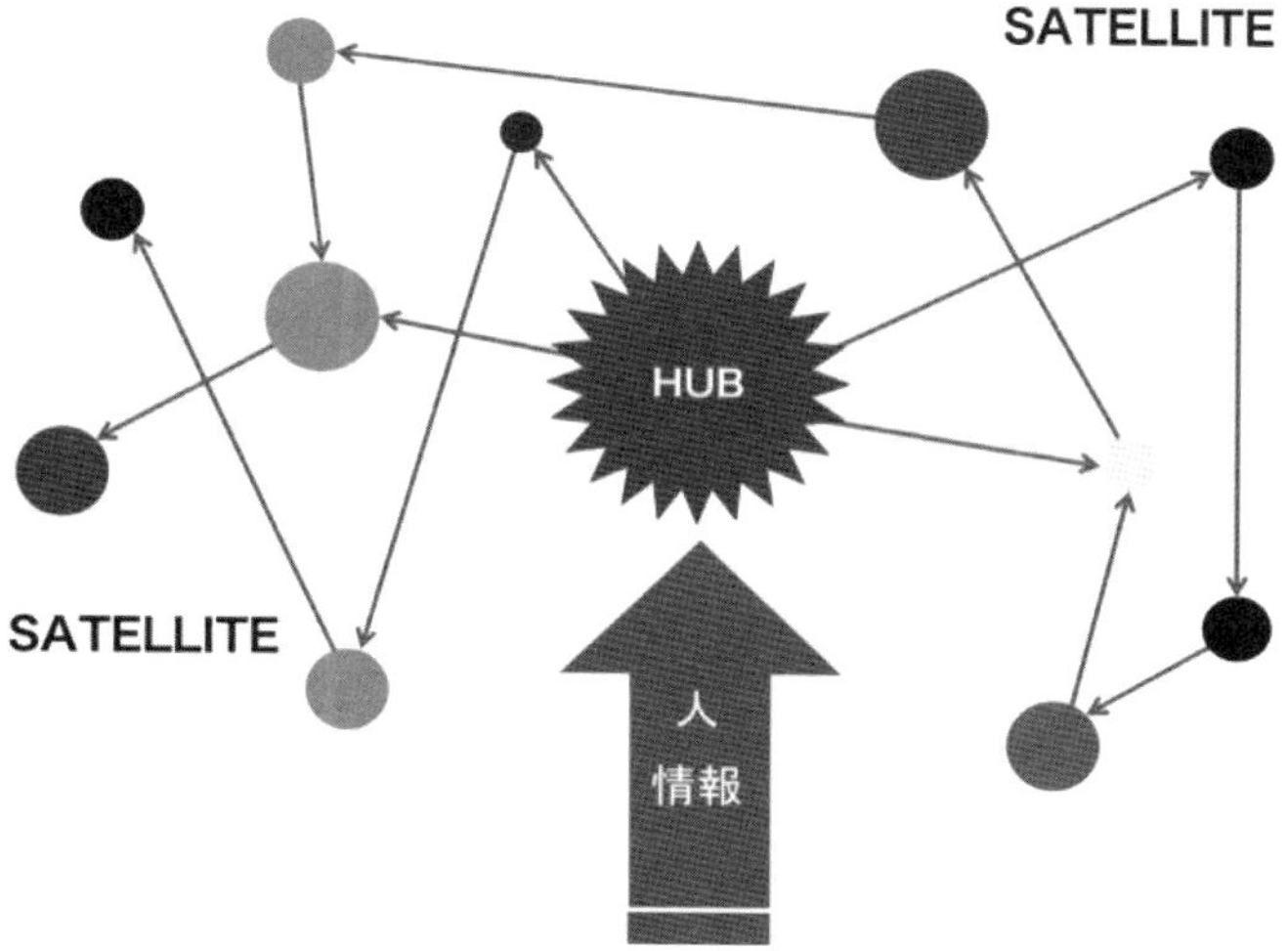

概念図

近では宿までできている。

モンネ・ルギ・ムックがＨＵＢ（拠点）になって西の原が出来上がり、波佐見各所のSatellite（周辺）へと来訪者を送り出すポジティブな生態系が出来上がったのだ。

交流人口の増大――モノ、コト、ヒトの3要素

施設といったハード面に加えてソフト面、つまり波佐見人特有の気質が交流人口の増大に輪をかける。波佐見の人々は祭好きなのだ。「新しい施設が…」に加えて「現在波佐見で面白いイベントが…」と、とにかく話題にこと欠かないために地方局では波佐見関連のニュースを頻繁にオンエアーしている。人は「情報が常に更新している場所」とか「面白そうな場所」には関心を寄せるし行ってみたくもなる。余談だが私の80にもなる母でさえ「波佐見に行ってみたい」と言うので実際に連れて行ったくらいだ。ディズニーランドなどのアミューズメント系の施設は必ずこういった定石を守りながら集客が絶えないように工夫しているが、波佐見の場合は戦略的にそれをおこなってきたわけでもなく、自然発生的にそうなったのだから、他所と比べてむしろ足腰が強い。

かくして波佐見の交流人口は増え始めた。データによると２００６年は46万人だったそれが２０１７年には１００万人に達している。一般の方々は飲食、物販、イベント、宿泊などを楽しんでお金まで落としてくれる上に、近年では波佐見での体験をＳＮＳに投稿してくれる。当然のことながら情報は自動的に拡散し、それが新しい来訪者獲得の呼び水となっている。乱暴な私見だが成熟国家日本では「モノ」の時代は終わり始めている。テレビＣＭで日産が「モノより思い出」といったのが２００３年、マスターカードが「プライスレス」のコピーを使ったのも随分と昔の話である。つまり

「モノ」だけではなくその背景を彩る「コト」や「ヒト」に生活者が共感することで、結果的に旅や購買といった消費に繋がっていくのだ。

アウェーの消費地に陶磁器商品といった「モノ」だけを送り込んでもその本質は伝わりにくいが、波佐見というホームに来ていただけるのであれば「コト」や「ヒト」も合わせて、しかも正確に熱をもって伝えることができる。伝統工芸系のイベントで職人に教わって作るワークショップが大人気なのは、この3つの要素が抑えられているからに他ならない。

一般人からビジネス関連の来訪者に目を向けよう。こちらも間違いなく増加しただけでなく、従来の陶磁器業界だけではなく、媒体関係者、セレクトショップのバイヤー、デザイナー、ディレクター、他産地からの視察など、その職種も多岐にわたるようになったことが特筆に値する。そして彼らは実に様々なニーズとともに波佐見にやって来る。

「OEMでの製作は可能ですか?」
「コラボレーションしませんか?」
「ノベルティを一緒に考えてもらえませんか?」
「実演催事に協力してもらえませんか?」
「職人になれますか?」
「デザインを必要としていませんか?」等々……。

あちらからもちこまれる案件には、こちらが選んで判断すればいいだけである。こちらがよい話を探し出すのには手間も暇もかかるが、あちらからもちこまれるのであればこんなによいことはない。

波佐見の人たちが波佐見のことを考えるのは当たり前だが、波佐見以外の人たちが波佐見のことを考

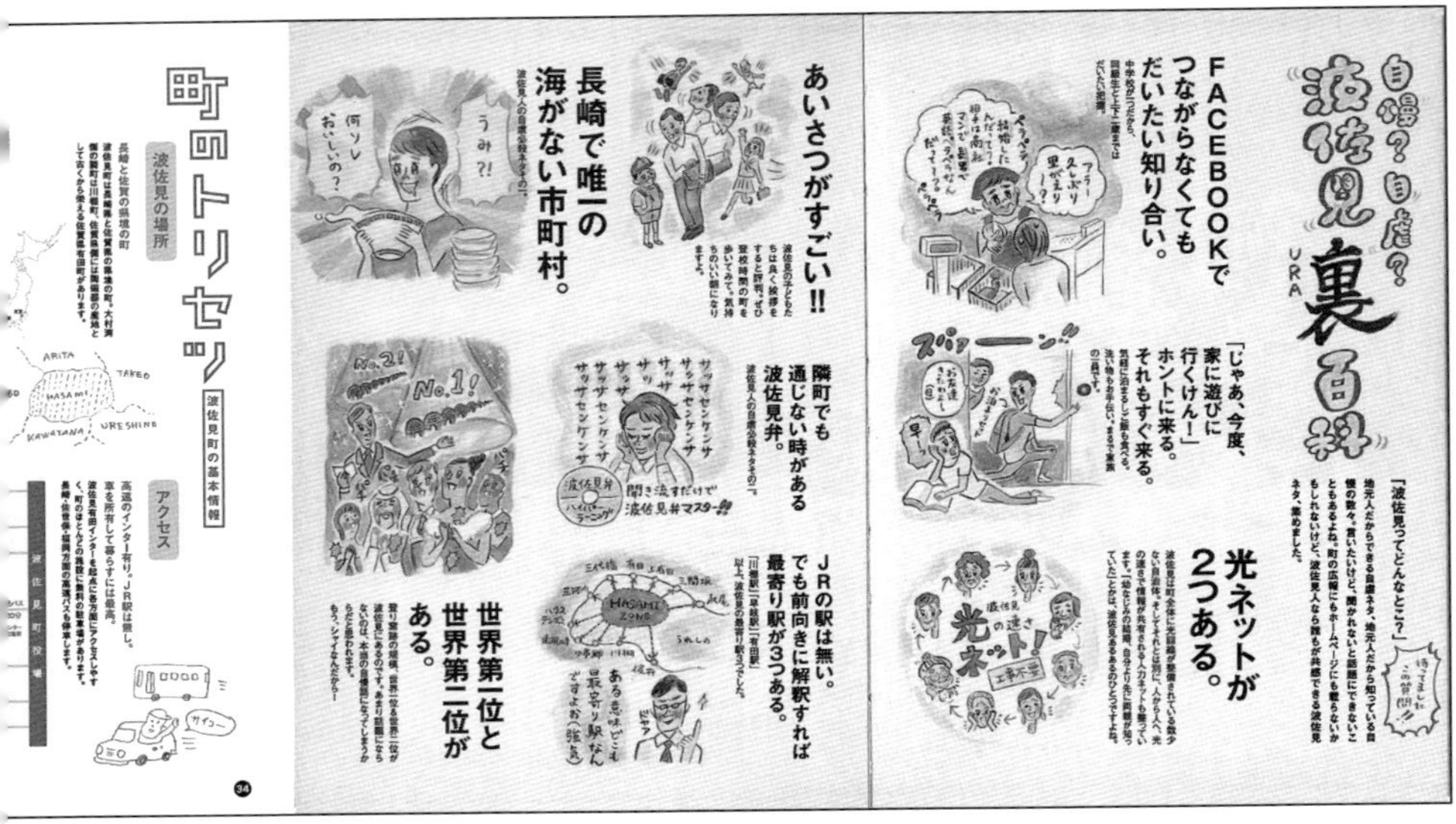

えてくれている現在の状況。交流人口の増加とともに、この最高のコンディションを確立できたことが躍進の大きな成功要因だと分析できる。

私にとって戦略は「槍を放つ」か「網を張る」かに大別して様々なプロジェクトを企画するが、2006年のモンネ・ルギ・ムック以降、波佐見はどこにもない見事な「網」を手中に収めているのだ。

波佐見ダイバーシティ

話題を私にとって波佐見の最大の魅力である人物にフォーカスしよう。この町は行政、民間事業者ともに老若男女を問わず実にカラフルな人材が彩っている。まずは長老3人組。件の一瀬町長、児玉波佐見焼振興会会長、深澤氏（元NPOグリーンクラフトツーリズム代表）の3人が強力に町をまとめているといっても過言ではない。しかも町民の皆が慕っているし、彼らが偉ぶることもなく、そのうえ実務上でも頼りになる長老ぶりだ。私ごとだ

話題を集めたガイドブック『ディープ!! 波佐見町』(編集・デザイン:DEJIMA GRAPH)

が、２０１５年にかなり思いきった編集方針のガイドブック「ディープ!! 波佐見町」を町に企画提案した際に一瀬町長と前川芳徳氏（当時波佐見町役場商工振興課長）からこう言われた。

「立川さん、どうせやるならあんたが本当にいいと思う本を作ってみんね。責任はオイが取るけん」と。

今までにないものを作ろうとしているのに、普通だったら前例主義の行政が易々とそう言ってのけるなど私には大きな驚きだった。こちらだって信頼して任せていただけるのであれば、いつも以上に発奮する。結果、精神的な安心を担保され、とても評判のよいガイドブックが出来上がった。児玉氏に至っても「若かかもんにやらせてみろ！」と会議の席で号令をかけるのを何度も聞いたことがある。肝心なところを抑えたら、あとは任せてくれるし、何かあったら責任は取る覚悟でいらっしゃる。これらの事例は象徴的なことかもしれないが、町内の窯元など個別の事業者の代替わりを側で見ていても似たようなことが起きていると感じていた。親の代は子どもに事業を継承するに当たって、任せるのであれば任せて余計な口出しはしない潔さが垣間見えるし、引き継ぐほうも先代を尊重する。波佐見の世代交代が順調に進んでいるのは、そういったシンプルな継承態度が起因しているのではないだろうか。だからこそ安心できる環境で代替わりした30－40代の後継者世代が、ハツラツと新しいデザインや販売に挑戦し実績もあげているのだろう。

そして女性陣の活躍も見逃せない。窯業は分業制なので多くの経営者がいるが、その奥様たちのスペックが非常に高く、「波佐見は女性でもっている」という人もいるくらいで、彼女たちの仕事ぶりを目の当たりにしている私もまったく同感である。会議の席でも、仕事にも、朝飯会にも、町歩きボランティアの現場にも、女性陣の存在なくして波佐見は語れないのだ。

また窯業以外でも、町内には観光、工務店、庭師、農家、パッケージメーカーなど、業種の枠を軽く飛び越えて、「町のためにやるべきときには一緒にやる」という気風が流れ、「皆で波佐見をよくしていきたい」という想いはひとつだ。

都会に出た町出身者の波佐見愛も尋常ではない。もしかするとお祭り好きの気質が一体感を育み、こういったところにいい影響を与えているのかもしれない。ここにUターン・Iターン人材、移住者までが一丸となれるのだから、この充実した人的資源の多様さが波佐見の原動力なのだ。経済産業省はビジネスの現場でダイバーシティ（多様性）経営を企業に推奨しているが、それもまた波佐見町が実践してきたことである。

横断的な情報交換と運営

終盤になってきたが波佐見の特徴と他産地との大きな違いを述べてみたいと思う。

児玉氏の考えを伺ったところ、産業振興と地域振興や観光をまったく区別して考えてはいない。前出のNPOグリーンクラフトツーリズムを言葉で分解すると、「グリーン：地域、クラフト：産業、ツーリズム：観光」とも置き換えられるそうだ。このいずれもがバラバラに動くのではなく、シナジー（相乗作用）を起こしながら全体として持ち上がっていくという持論をお持ちなのだ。町内で横断的な情報交換も頻繁におこなわれている。そういったスタンスを象徴する方が現場にいる。波佐見焼振興会と波佐見町観光協会の双方を担当する山下雅樹氏だ。

彼は「観光のための産業、産業のための観光」という明確なビジョンをもち、双方の事業者から集まる多くの情報を加工編集しながら波佐見にとって有効なアクションを次々と起こすスーパー職員だ。とかく団体や組合など縦割り組織の弊害で、あちらはあちら、こちらはこちら、とバラバラに行動するのとは真逆。これらの組織を山下さんのような現場からひとつの目線で束ねていることも波佐見の強さである。内部の調整に時間やコストを奪われてばかりで成果を出せない産地や企業は数多い。

最後に

そんな波佐見でも後継者問題は大きくのしかかり、現在は好調な市場とのハネムーン状態を冷静に見ている方々もいる。現状が上向き加減だからといって10年先はまったく油断できないだろう。例えばパルマの生ハムとかブルゴーニュのワインとか、そういった欧州の産地ブランドを参考に「波佐見だったら世界に対して何ができるのか？」を徹底的に検証するなどのアクションもこれからは大事だろう。世界のレベルで「HASAMIの陶磁器」がブランド化していくのであれば、これほど有利なビジネスの展開はない。

いずれにしても「生産量日本一」あたりを目標に掲げる波佐見ではないだろう。できることならばモノ・コト・ヒトが絶妙に絡み合った「世界で最も幸せな産地」などと皆からうらやましがられるようになるくらいが波佐見らしいのではないだろうか。昨年「ハッピータウン波佐見祭り」で楽しい時間を過ごした後にそう思ったことは、今でも変わっていない。


【筆者プロフィール】

立川裕大：伝統技術ディレクター・プランナー
1965年、長崎県生まれ。

多種多様な伝統技術の職人と建築家やインテリアデザイナーの間を取り持ち、空間に応じた家具・照明器具・アートオブジェなどを別注で製作するプロジェクト「ubushina」を実践し伝統技術の領域を拡張している。東京スカイツリー、八芳園、パレスホテル東京、CLASKA、伊勢丹新宿店など実績多数。また長年に渡って高岡の鋳物メーカー「能作」のブランディングディレクションも手がけている。

2016年、伝統工芸の世界で革新的な試みをする個人団体に贈られる三井ゴールデン匠賞を受賞。

官民協働で波佐見のまちづくり

波佐見焼振興会事務局長　平野　英延

波佐見では、今から約４００年前、安土・桃山時代末期から江戸時代の初めころにやきものの生産が開始されます。

その後、江戸時代を通して、隣接する佐賀県有田（有田焼）や佐世保市三川内（三川内焼）とともに国内有数のやきものの産地として発展をとげました。明治時代以降も窯業は途絶えることなく受け継がれ、和食器の出荷額全国３位を誇る長崎県下最大の窯業地として今日に至ります。

波佐見町内で生産されてきたやきもの「波佐見焼」は、その歴史や規模の割りには、全国的に名前は知れ渡っていません。それは、江戸時代には船積み港である佐賀の伊万里の名をとって「伊万里焼」、明治以降は佐賀県の有田駅から汽車積みされたことから「有田焼」と呼ばれていたためです。

波佐見焼は、江戸時代以降、積み出された場所に由来する伊万里焼・有田焼の名前に隠れ、表舞台にその名はほとんど出てこなかったのです。

しかし、近年波佐見町と波佐見窯業界による知名度アップを目指した様々な取り組みによって、波佐見焼は「知る人ぞ知る」から「誰でも知っている」やきものへ徐々に変化してきました。

波佐見焼
くらわんか
枚方を中心に上下一里（4㌔）付近を通る三十石船などに、餅・汁・酒などを商っていた小舟で、「餅くらわんか」「ごんぼ汁くらわんか」などと売りにきたことから有名となり、「くらわんか舟」と呼ばれるようになりました。
江戸時代　くらわんかの時代
くらわんか船

ここでは「波佐見焼や波佐見町をさらに多くの方々に知っていただき、深く理解していただけるように、官民協働で産地振興を図り、またそれがどのように今に息づいているか」について簡単にお話ししていきたいと思います。

○波佐見の流れ

波佐見町は、４００年の伝統をもつ全国屈指の「やきものの町」として栄えてまいりました。

石膏型、生地、窯元、卸売などと言った分業体制のもと大量生産を可能にし、一般家庭で使われている日用食器の約15％は波佐見町で生産されるまでに至っています。

また、農業の近代化にも力を入れ、水田の圃場整備と大型農機による作業とライスセンターを結んだ米麦大豆一貫作業体制が確立され、農家の余剰労働力を陶磁器関連産業への就労と結びつけ、農工一体となって町の発展

中尾山全景

に繋げてまいりました。

平成に入ると全国的に「町おこし、町づくり」の機運が高まり、波佐見町においても「陶郷中尾の里づくり」や、「農用地を除外しての宿郷基幹道路への商店街づくり」など、現在の波佐見町の根幹づくりがなされてきました。

しかし、昭和の後半には景気の低迷期を迎えバブル崩壊により平成11年には最低の生産額となりましたが、不況を吹き飛ばそうと平成8年には有田町と波佐見町で開始した「世界炎の博覧会」や平成11年の「波佐見焼400年祭」では、波佐見焼を全国にPRすることとし、青年部を中心に産地一体となって取り組んできました。

○まちづくりの3本の柱

このような流れの中で、一瀬政太波佐見町長が就任まもなくまちづくりの3本の柱（地場産業の振興、交流人口の拡大、企業誘致）を施策に取り込み実践されたことが、今日の

「元気なまち波佐見」を産んだ要因の1つと言っても過言ではないように思います。

波佐見町がこれまでに取り組んできた3本の柱の実践施策を紹介します。

1、地場産業の振興（窯業・農業）

(1)波佐見焼は、元禄年間（1688～1703）に国内の経済が成長し購買意欲も活発化に伴い、有田・波佐見・三川内の窯は、国内向けのやきもの生産に力を注いだと言われ、有田は富裕層向けの高級品を、波佐見は一般庶民向けの日用食器を、三川内は両者の混在品を生産してきたと言われています。

東京ドーム正面、テーブルセッティング

ブランド力のなかった波佐見焼・三川内焼は、有田焼のブランド名で販売し、高度成長期には、波佐見焼の最盛期を迎え発展して来ましたが、バブル崩壊とともに産地が低迷しました。

そのような中、平成16年の「肉用牛やそうめんの産地表示問題」で、窯業界の中でも問題化し、波佐見は独立して「波佐見焼」としての道を選択しました。

知名度が低かった波佐見焼にとっては、販売低下するなど波佐見焼ブランド化の道は困難極まりありませんでしたが、そのキッカケとなったのが「東京ドームテーブルウエアーフェスティバル」の産地一体となった出展であり、同フェスティバルの総合プロデューサーだった「今田功氏」に消費者ニーズにあった商品開発の助言をいただき、毎年新商品発表の場として取り組み好評を得、徐々に知名度が向上して来たように思えます。

全国の産地を熟知した今田氏曰く「時代とともに進化する波佐見焼」であれ、産地共通のコンセプトを「カジュアルリッチ」に置き、それぞれの窯元の個性を生かした商品開発を窯元が積極的に取り組んだ成果が今日の波佐見焼の知名度向上に繋がっていると思います。

(2)また、農業においては、昭和40年代から取り組んだ圃場整備事業で、水田面積650haのうち約83%は区画整理済みで大型農機による作業とライスセンターを結んだ米麦大豆一貫作業体制が確立されました。

これによって生じる農家の余剰労働力は、地場産業である陶磁器関連産業への就労と結びつけ、牛小屋を生地作業場に、広庭を生地干場に活用するなど、分業化施策を推進し量産体制を確立して来ました。

また、農家が分業による賃金収入を得るとともに、機械化等による農業の生産性の向上にも繋がり

牛耕運

トラクター

トラクター

ライスセンター

生活の安定化が図られ、まさに農工一体となった波佐見町として発展を続けてまいりました。

(3)官民一体となった各種のやきもののイベント

①波佐見陶器まつり

波佐見陶器まつりは、皇太子殿下(現天皇陛下)の御成婚を記念して昭和34年4月に、波佐見焼陶器市の名で第1回目が開催され、その後平成2年に波佐見陶器まつりと改称されました。

400年の歴史と伝統をもつ波佐見焼は、江戸時代伊万里焼の名で販売されていましたが、明治33年(1900)国鉄有田駅ができると、有田焼の名で全国販売されました。

この陶器まつりは、波佐見焼の名を広く宣伝し産地の発展を図るとと

陶器まつりゲート

ショッピング

もに、波佐見焼を愛用していただく感謝セールとして始まったものです。

高速道路（西九州自動車道）の開通とともに、平成２年からは4月29日から５月５日までのゴールデンウィークに会期を変更し、やきもの公園を主会場として開催しています。

今では期間中32万人を超える大勢の買物客で賑わい、長崎県内でも大イベントとして位置づけられ好評を博しています。

毎年交通渋滞を招いてきましたが、川棚警察署による信号機の調整をいただくとともに、駐車場不足については長崎キヤノン㈱駐車場をゴールデンウィークの休業日にお貸しいただくことになり、１，５００台駐車できる広大な駐車場であり、一気に駐車場不足の解消が出来ましたが、専用駐車場の確保は今後とも課題です。

昭和43年に開催した創業３７０年祭には陶祖李祐慶の碑を建て、それ以来毎年5月1日に陶祖祭を行っており、平成20年（２００８）の第50回波佐見陶器まつりでは、波佐見焼の永久繁栄と波佐見町の振興発展を祈念し記念モニュメントを建立し、陶器まつりを物語る多くの資料をタイムカプセルに埋蔵しています。

その他にも陶器まつりを協賛してのロードレース大会や弓道大会、テニス大会なども行われ、全町挙げてのまつりとなっています。

②プロ養成講座

平成16年度から波佐見焼の知名度を高めようと、やきものバイヤーの皆さんに産地に出向いていただき、やきもの職人の智恵と技、そして多くの人の手が入り出来上がっていることを認識いただくために開催してきました。

鋳込み

機械ろくろ

その後、波佐見焼ファン拡大講座、サポーター養成講座と名を変更し、デパートの販売員やエンドユーザーを対象に開催してきました。

近年波佐見焼が若い年齢層に人気を博していることから、平成28年度より芸術系の大学生対象に実施することとし、東京芸大を皮切りに実施しています。

平成29年度からは、サクセッサー養成講座と名を打ち、波佐見焼の担い手づくり講座として開催しているところです。

学生にとっては、波佐見焼の分業生産の生の姿を見聞きできることから、熱心な受講があり、携わった職人さんからは、「ついつい実演指導に力が入ってしまった。」との声も聞かれるほどです。

今後も大学等で開催し、波佐見焼の更なる知名度向上とブランド確立に邁進していきたいと思っています。

東京ドーム客

③東京ドームテーブルウェアーフェスティバルと波佐見焼フェアー

国内のやきもの産地の多くが出展するフェスティバルで、当初波佐見焼も個社がバラバラに出展していましたが、波佐見焼産地が一堂に集中した展示ブースの確保が出来ないかを相談し、また財政的面についても長崎県と波佐見町の支援をいただき、東京ドームのレフト側観覧席をくりぬき現在の波佐見焼ブースの設置が出来たものです。

会場と予算の確保が出来た産地事業社に取っては、これとないステージであり商品づくりに力も入って行きました。

機会を得て同フェスティバルの総合プロデューサーだった「今田功氏」に消費者ニーズにあった商品開発の助言と各窯元

の個性を生かした新商品開発アドバイスのもと、カジュアルリッチな波佐見焼に繋がり、好評を得ています。

引き続き「波佐見焼フェアー」と題して、全国各地の百貨店・量販店での展示販売会の開催を図り、知名度向上の取組みを展開してきました。

その成果もあって徐々にではありますが、知名度が向上して来たように思えます。

④めし碗グランプリ＆ハッピータウンはさみ祭り

第1回めし碗グランプリの立ち上げ期を振り返りますと、第2の平成不況の真っただ中で、陶磁器産業も厳しい時代に入っていたことを思い出します。

めし碗グランプリ

構造的な不況で厳しい状況な中、町内で波佐見焼に携っている若手の皆さんが、「何とか波佐見焼を活性化させよう！」「この様な時こそ、波佐見焼の知名度を挙げるチャンスだ！」としてスタートされたことを思い起こします。

日本の食文化を支えてきた波佐見焼（くらわんか茶碗）、その中でも生活食器である「めし碗」をテーマとした「めし碗グランプリ」を開催されたことは、「磁器食器の発祥と波佐見焼の存在」を意味づける効果的な事業と思っているところです。

毎年多くの応募があり大変好評を博しているところではありますが、なんと言っても、初回より審査いただいています中島誠之助先生をはじめ工藤良健先生などの審査員の先生方のご尽力があってのことだと、深く感謝申し上げるところです。

毎年多くの応募があることが、お世話をするものに取りましても、活気が出てやり甲斐を生むものだと思っています。

知名度も少し高まり波佐見町への来訪者も増加する中、次の若者が「ハッピータウンはさみ祭り」と題し、全国的に有名な中川政七商店の大博覧会を誘致し、「九州・産業・遊び・学び」をキーワードに、工芸・アート・ファッション・フード・ミュージック・アウトドアなどの様々な事業者が波佐見に集結し、九州の産業のお祭りを開催しました。

これまでやきもの一辺倒であった波佐見に新風を起こしたイベントであり、窯業商業などの若者が国指定文化財の旧波佐見町講堂など地域資源を最大限に生かしたイベントとなり、町内外から多くの若者を呼び込み、波佐見の元気を象徴するものとなりました。

中川商店

地場産業を支える若者の皆様方が、2世代に亘りこのような新しい取り組みによって、産地を支え、地域力を高めていただいていることが波佐見の元気に繋がっているものと思います。

(4) 地域力を生かした地域イベント

波佐見町のイベントはゴールデンウィーク期間中に行われる「波佐見陶器まつり」だけでしたが、30数年前から状況が変わってきました。

そのきっかけは、山あいにあり、陶郷として知られる中尾山にある窯元の若手メンバーの情熱でした。

中尾山めぐり

当初は地域内の窯元の交流の場として始められた「桜陶祭」が、その後町外のお客様との交流へと広がり地域が一体となり、今では2日間で1万人超のお客様が足を運ぶ大イベントとなりました。

桜陶祭の一番の名物となっているのが、各窯元のオリジナルの陶箱弁当で、毎年大人気です。また、10月には「秋陶めぐり」を開催し、窯元を一般公開し、やきものの販売はもとより、作り手と買い手の心の交流が持たれています。

このように地域から自主的に沸きあがってくるイベントが、町内各地で生まれてきました。

そのほかにも、「皿山器替えまつり」、「峠の里まつり」、「インター街道まつり」などがあり、ぞれぞれの地域や窯業関係者などの有志が立ち上がり、それぞれの地域の特色を活かしたイベントを実施しています。このような取組みが波佐見町の元気の源だと思います。

⑸やきものの郷の景観整備

やきものの郷波佐見の景観・環境整備を図り誘客に繋げるために、中尾地区をはじめ町内の景観整備が実施され、やきものの町波佐見を醸し出しています。

【行政事業】

平成4年度：国指定文化財「畑の原整備」

畑の原全景

世界の窯

平成５年度～：中尾陶芸の里づくり事業

（遊歩道・陶板ガードレール・街路灯・伝習館・交流館建設）

平成７年度：やきもの公園完成（世界の窯12基）

平成16年度：長崎県まちづくり景観資産指定「中尾山煙突群」

平成17年度：煙突モニュメント（ランドマーク）整備

平成22年度：国登録有形文化財指定

（①赤井倉、②今里酒造、③旧講堂、④福重家住宅母屋、旧福重製陶所）

平成24年度：中尾上登窯整備

平成27年度～：歴史民俗資料館候補地選定買収
平成28年度～：旧公会堂耐震補強修復事業

【民間事業】
平成11年度：古陶磁美術館「緑青」建設
平成12年度：中尾山うつわ処「赤井倉」整備
平成16年度：文化の陶四季舎建設
平成16年度～：歴史的建物をリニューアルした西の原整備

赤井倉全

私が記憶する中でも、3本の柱の1つである「地場産業の振興（窯業・農業）」のハード・ソフトによる施策が官民一体となって、時には民間が主体となり行政がフォローアップする体制を取り、また時には行政が牽引するまちづくりが図られて来たと思います。

今思えば平成の大合併が進む中で、東彼3町合併は崩壊しましたが、このことが返って自分たちの町は自分たちの手で再生しようと言った機運の高まりが、良き方向に進んだのではないかとも思っています。

2、来なっせ100万人運動（交流人口の拡大）

さて、2本目の柱である交流人口の拡大においては、観光施設の少ない波佐見町において観光客の誘客素材が乏しく、なかなか交流人口の伸びは期待できませんでした。

時代は、構造的な不況により基幹産業である陶磁器産業が生産額・販売額ともに激減し斜陽化している中、陶磁器卸商を営まれていた深沢清氏は「地方産業再生は、ツーリズム運動にあり。」と提言され、「人間性回復」を基本理念に置き、先導役となってグリーンクラフトツーリズム運動を展開されました。

四季舎全景

四季舎室内

14年度にツーリズム研究会を結成し、平成16年度には同研究会をNPO法人化するとともに、平成16年2月には活動拠点施設として「文化の陶四季舎」を整備し、活動基盤の確立がなされたものです。

一方、交流人口の拡大を3本の柱の1つに掲げ提唱している一瀬町長は、「来なっせ100万人」をスローガンに掲げ、民間によるツーリズム運動とも連携し体験型観光を核におき交流人口の拡大による町の活性化策に取り組んできました。

観光施設は乏しくとも、400年の歴史を持つやきものや温泉、史跡など本町の特色ある資源を有効に活用した「陶と農の融合による」グリーンクラフトツーリズム事業の積極的な事業展開を図り、波佐見町の良さを認知・体感いただくキッカケづくりと交流の輪づくりによる町の活性化へと結びつける取り組みを図って来たものです。

具体的な事業を2~3紹介したいと思います。

やきもの体験

ストラップつくり体験

(1) 来なっせ体験塾（とうのう博覧会）

このようにして始まった波佐見町のツーリズム事業は、来なっせ体験塾としてスタートし試行錯誤しながら、現在では「とうのう（陶農博覧会）」と題して、やきもの体験、農業体験、また2つを組み合わせた陶農体験メニューを開発し、観光客の受入れを行うまでに成長しました。

やきもの体験では、ロクロ・絵付け体験

ピザ焼

米づくり

米づくり

などの本格的なものから、波佐見焼ストラップつくり体験など、お手軽に楽しめる体験まで色々な体験メニューが揃っています。

農業体験では米作り体験、梅漬け体験、椎茸づくり体験、やきものの窯が変身したピザ窯ややきものの煙突レンガをリユースしてできたピザ窯で、親子や友人と一緒にピザ焼きができる「おいしいもの体験」も人気メニューとなりました。

その他にもやきものと農業を組み合わせた陶農体験の1番人気は「ザ！酒塾」で、酒米の田植え・稲刈り体験をし、その米でできた酒を自分の手で作ったオリジナルの酒器でいただくという、なんとも贅沢な体験です！

1回目が田植えと手びねりによるお猪口づくり、2回目が稲刈りと徳利の絵付け、3回目がラベルづくりと新酒試飲会で、1回申し込むと波佐見町に3回来て頂けるという仕組みになっています。

ラベル張り

酒塾六十余州

このように、窯業と農業という波佐見町の産業をうまく生かした体験パターンとして「ザ・そば塾」、「みそづくり塾」などがあり、波佐見町の体験メニューの看板的存在になり、多くのお客様が波佐見でしかできない「陶と農」の体験を満喫されています。

⑵「はさみ温泉」復活！

地域の盛り上がりは、ついに温泉も復活させました。

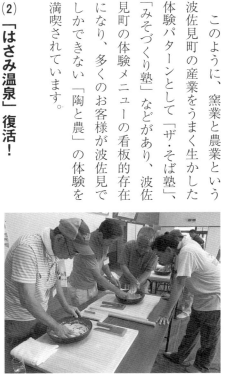

以前あった温泉センターが閉鎖され、良質な泉源を持つはさみ温泉が途絶えていました。

そばこね

切り

そのような中、廃墟となっていた温泉センターを何とか復活させようと立ち上がってくれたのが、現在の観光協会会長の松下和徳社長でありました。

温泉施設建設を松下社長が担い、波佐見町が新しい泉源を掘削し高濃度の熱泉を掘り当て、冷泉と熱泉の両方を生かした魅力ある温泉として「湯治楼」（ゆうじろう）」が波佐見の癒しスポットとして平成22年4月にオープンしました。

とろみがあり、美肌に良いと評判のお湯で、３つの内風呂は全て源泉掛け流しで、全国的にも珍しい高濃度炭酸泉として、好評を博しています。

緑の山々に囲まれて、川のせせらぎを聞きながら、ゆっくりと過ごせることから、地元はもちろん県内外からもたくさんのお客様が心と体の癒しを求めて来場されています。

併設の「陶農レストラン清旬の郷」では、地元の食材にこだわり、

湯治楼全景

岩風呂

清旬の郷全景

旬のおいしい素材を使った身体にやさしい料理が波佐見焼の器でいただけるとあって、温泉同様人気のスポットとなっています。

(3)ホテルの誘致と民泊の開業

観光客受入のためには宿泊所の整備が必須事項であり、波佐見温泉周辺に3件の旅館がありましたが、体験観光が進むにつれ民宿の需要が高まり「農家民泊3件」を新設し対応してきました。

しかし長崎キヤノンの進出により出張員用のホテルが求められましたが波佐見町にはなく、隣接の佐世保市内ホテルで対応されていました。

今後宿泊型の観光事業の推進や企業向け宿泊所の確保のために、九州管内のホテルを回り、誘致に走り回りましたが、良き返事は返ってきませんでした。

その後長崎市内でホテル経営をされている九州教具㈱の船橋修一社長が誘致企業として「ホテルブリスヴィラ」を建設いただき、同時期に「ホテルＡＺ」も開業いただき、観光推進と企業対応に大きな貢献をしてくれていると思います。

観光の動向が田舎暮らし志向へと進む中で、民泊の必要性が迫り、更に3軒の民泊が開業し、観光客の志向にあった宿泊体制を整えることができました。

ブリスヴィラ全景

かかし見学

(4) 地域力を生かした地域イベント

前述したやきものを素材とした地域イベントのほかにも、地域から自主的に沸きあがって来たイベントが、町内各地で生まれてきました。

その一つである「鬼木棚田まつり」は、棚田１００選に選ばれたことをきっかけに始まり、農家を始め地元の人たちが盛り上がり、毎年9月23日（秋分の日）は、約１７０体の案山子が立ち並び、多くの観光客の目を楽しませてくれます。

その後も案山子の展示は行われ、祭りが終わった後もたくさんのお客様で賑わいを見せます。

また、駅のない波佐見町でＪＲウォーキングが開催されていますが、そのコースの目玉も鬼木棚田の案山子達です。

その他にも「川内ほたる祭り」「ザ！酒塾」「村木畑ノ原まつり」「稗木場どろどんぎょ祭り」「二ツ岳正月元旦駅伝大会」「八天岳展望所整備」「乙長野郷民10時間ソフトボール大会」などがあります。それぞれの地域（自治会）がそれぞれの地域の特色を活かし、地区のイベントとして立ち上がりました。

これも戦後混乱期から波佐見町では、自治公民館活動による地域活動と連帯感づくりがなされ、そのエネルギーを生かした取り組みが展開されるとともに、おもてなしの心で迎える町民の力と地域の力が交流人口の拡大に大きく貢献していると思われます。

(5) 人間力を生かしたおもてなし

観光案内に欠かせないのが「観光ガイド」であり、誘客の案内を充実するとともに波佐見の良さを認知・体感いただくために、平成16年に観光ボランティア協会を発足し、平成26年に「観光ガイド協会」と名称を変更し、現在19名のガイドが活動しています。

観光客の増加とともに案内件数も増加し、案内パターンの研究と活発な活動により、波佐見の認知度も高まり、リピーター増にもつながっています。

ガイド案内

また「女性にできる町おこしで、みんな元気になろう！」と女性グループ「つんなむ会」が結成され、NPO法人グリーンクラフトツーリズム研究会とともに、活動を展開されています。文化の陶四季舎を活動拠点として「作られた観光でなく、生活の中から皆さんをおもてなしの心で迎えること」を活動のモットーに、地元の食材を使い波佐見焼の器に盛り合わせた郷土料理によるおもてなしが行われています。

地域資源（やきもの・農業・自然・人）を活用して、地域外の人と直接顔の見える交流を行う仕組みを作り出すことができたことは、2本目の柱である交流人口の拡大に大きく貢献したものと思われますし、ツーリズム活動を支えているのが「人」であり、波佐見人の人間力が交流人口の拡大に大きく貢献していると言えます。

地域再生の鍵は、そこに住む人（キーマン）であり、今後とも行政や地域団体等が連携を図り、官民一体となった活動により「輝く波佐見づくり」に邁進すべきと思います。

3、企業誘致

次に、3本目の柱である「企業誘致」について紹介します。

⑴県営工業団地（波佐見テクノパーク）の誘致とキヤノンの進出

県営工業団地整備

地場産業である窯業が斜陽化する中で、若者雇用の確保のために企業誘致を進めることとなり、定住人口対策として「地域住宅計画」を策定し住宅団地として掲げていた候補地を、平成18年度に県営工業団地に手をあげ同団地の誘致に成功しました。

長崎県下で唯一海のない町であったことが功を奏し内陸型工業団地として売り出し、平成20年7

キヤノン全景

月にはキヤノンが立地表明をするまでに至りました。

平成22年3月1日には操業を開始し、従業員の地元雇用も１００名近くが生まれました。

また、関連下請け企業も空き店舗等へ数社進出し、まさに「デジタルとテクノが融合した町波佐見町」に様変わりしてきました。

キヤノン従業員食堂には、本町出身の㈱レパストの進出もあり、更なる雇用増へと繋がりました。

さらに従業員アパートも次々に建設され、約60棟に及ぶアパートが整備され、定住人口の増加へと繋がりました。

(2) 波佐見町営工業団地の整備と企業の進出

キヤノン関連会社の誘致を図るために町営工業団地（約3ha）を計画し、地元の協力もあり平成21年5月に完成、取付道路等も平成26年3月までに整備完了しました。

また、企業進出に欠かせない「工業用水の確保」も地元の協力もあり、平成25年には完成しました。

工業団地の整備と併せ誘致活動も積極的に推進し、平成27年3月には自動車関連部品の製造メーカーである「昭和金属工業㈱」が進出しました。平成29年8月には増設となり、団地の約85％が有効活用されることになりました。

また、残り15％も幸運トラック㈱が進出することとなり、工業団地の完売、そして企業誘致も成功へと至りました。

昭和金属

４００年続いた波佐見焼産地でありましたが、景気の変動とともに影響を受け若者雇用へとはなかなか結び付きにくい中、企業誘致により若者雇用の場の確保と定住人口の増加が図られたことは、波佐見町に取って大きな前進であり、活性化とともに元気な町と呼ばれる要因となっていると思われます。

進出企業では「地域貢献」の１つとして、陶器まつりへの駐車場提供やイベント協力等もあり、「地場産業とデジタルテクノ」が融合した町となり、民民、官民が協働した町となっています。

４、むすびに

これまで、まちづくりの３本の柱である「地場産業の振興、交流人口の拡大、企業誘致」を、官民一体となって堅実に実行し、今日の元気で輝く波佐見町となったものと思います。

波佐見町に内在する地域資源を活用した観光・ツーリズム運動、４００年の歴史と伝統を持つ窯業、自然環境に恵まれた農業、住民の協力のもとに成り立った企業誘致などなど、他に類を見ない進展を図ることが出来ました。

また人づくりにおいては、県内でも群を抜いた自治会・自治公民館を通じた地域連帯感の醸成が図られるとともに、学校・社会教育を通じた感性豊かな健全な青少年の育成なども積極的に行われ、生涯《いきがい》を産むまちづくりが展開され、地域力・人間力が育まれて来ました。

その結果、やきものを通じた外向けの交流と、ツーリズム運動を通じた誘客による内向けの交流が図られ、波佐見町の知名度も徐々に向上しました。

やはりその要因は、そこに住む人（キーマン）であり、企業、地域団体、地域住民、そして行政等との連携により新生波佐見町を生み出すものと思われます。

今後とも、人間力、地域力、仕事力、連帯力を生かした「官民協働で地域文化を生かしたまちづくり」を図り、活力と潤いに満ちた波佐見町を成して行きたいものです。

【筆者プロフィール】

平野英延　昭和30年4月波佐見町長野郷で生まれる（現在62歳）。昭和53年波佐見町役場に採用され、教育委員会社会教育課勤務。昭和60年同社会教育主事就任。平成4年波佐見町役場商工企画課企画係へ転勤。平成15年同商工観光係長、平成22年同商工企画課長就任。平成25年波佐見町教育委員会教育次長。平成28年波佐見町役場を退職。平成28年4月から波佐見焼振興会・波佐見町観光協会事務局長に就任、現在に至る。

波佐見に観光ホテルを建てた理由

九州教具株式会社　代表取締役社長
船橋　修一

２０１５年２月18日、ホテル「ブリスヴィラ波佐見」は波佐見町の南田園地区とよばれる波佐見町長野郷にオープンしました。波佐見町は人口１万６千人、窯業と農業を生業とする長崎県と佐賀県の県境にある小さな町です。観光ホテルもビジネスホテルも一件もありませんでした。人口１万６千人の町ではホテルは成り立たない……これが常識でした。

波佐見町からホテル出店を要請された

波佐見町にホテルを出店した第一の具体的理由は、波佐見町からホテル出店を要請されたことが最大の理由です。はじめてこのお話をいただいたときには正直驚きました。それはそうでしょう。どう考えても成り立たないし、そもそも成り立つのであればとっくにホテルがあるはずですから。

社内でも金融機関も前向きな言葉はでませんでした。ここに至るまでには大きな悩みと苦悩もありました。それは後述するとして、ホテル「ブリスヴィラ波佐見」は２０１５年２月18日にグランドオープンいたしました。「ブリスヴィラ波佐見」は全国のいろんなホテルも参考にはしても、模倣はしませ

ホテル「ブリスヴィラ波佐見」は2015年2月にオープンした

んでした。そして、われわれの20年に及ぶ都市型ビジネスホテルの常識をことごとく破壊しました。それは危険でもあったと思います。

しかし、ブリスヴィラ波佐見には、いまや首都圏はおろか外国人、若いカップルからご年配の方々、ビジネスマンも集うホテルとなり波佐見町はおろか、長崎県北でも人気を得て、「予約のとりにくいホテル」といわれることもしばしばです。「なぜ波佐見町にホテルを建てたのですか？」いまでもよく尋ねられる質問です。こんなところに「観光」に来る人なんていない……地元波佐見の人からもそういわれました。しかし、私はこう考えるのです。

1．そもそも「観光」とはなんなのか？

2．「観光」とはローカルとグローバルが織り成す覚醒の道程ではないか？

3．それは自らの「価値」に気付き、横の連携で「波佐見町」をなくてはならない町にすること

波佐見町は人口1万6千人の小さな町です。日本でこの規模の町はそれこそ無数にある。町民は

「なんにもない町」だといっていました。「いまさら陶器なんてもう買う人もいない」ともいっていました。本当にそうでしょうか？「よそ者」である私の目には、波佐見町はそうは映りませんでした。

山に囲まれ、400年来の独自の焼物文化を持つ波佐見町は、また、日本各地の文化の冷凍庫でもあると感じました。かつて朝鮮人陶工が焼物を作った町。キリシタンの里でもあった町、日本初の公式ヨーロッパ使節団として少年ながらラテン語を駆使してローマ教皇に謁見した、原マルティノを生み出した町。かつて江戸の町の生活陶磁器のトップシェアだったハイテクの町。

この小さな町の冷凍された……地元の人も忘れている歴史を解凍したら、世界中の人が興味をもって来てくれるのではないかと考えました。これは世界の観光都市にもあてはまる公式みたいなものだと思っています。今は滅びた多くの大文明の痕跡が各地に残る。そのモノすら残っていない観光地もある。つまりそれは、モノだけではない。言葉に、伝承に、思想に、芸術に、生活に、文化としていまも息づいている。でも地元の人にはあまりに「あたりまえ」すぎてそれが見えていない。

人の営みは、経済になる。例えば、「美」は経済になることを、フランスやイタリアやスペインやニューヨークの人たちは示しました。ブルックリンの街並みは500年前にはまさに先住民族が住む、「なんにもない」場所だったのですから。「美」の観点からだけでも、日本には、経済の種がいっぱい転がっているのではないか。肝心の日本人が目を転じないから、日本経済も、日本企業も、ひとり没落を続けている。それがカネという幻想しか信じない『経済の時代』の遺物のような日本の経済人や政治家の誤った施策の結果であることにも気付いていない。

いまやバブル崩壊後、経済の時代から『文化の時代』へとパラダイムシフトしたことにすら気付いていない。パラダイムシフトとは、価値観が180度逆転することです。経済の時代の成功体験はもはや通用しないことを心しなくてはなりません。しかし、これは自分の故郷を「なんにもない」ところだと思っている地元の人にも言えることだと思います。

波佐見町は『文化の時代』の町だった

おもしろいことにブリスヴィラ波佐見に宿泊されたお客様は、日本人・外国人を問わず、この「なんにもない」波佐見町を観て「ここは楽園のようだ」とおっしゃいます。同じ風景を見て、「なんにもない」と「楽園」には天と地の差があると思いませんか？　地元の人たちも経済の時代の「常識」にどっぷりはまって周りを見るから、商業施設も大きなビルも娯楽もない波佐見町を「なんにもない」というのでしょう。

『経済の時代』は、東京に行き、パリに行き、ニューヨークに行く。しかし『文化の時代』は見たこともない、目には見えない文化を感じに旅をする人が急激に増えました。シンガポールや東京のようなハイテク都市から来た人が、波佐見町の鬼木の棚田や中尾山の陶芸の窯を見て癒される。ずばり、波佐見町には地元の人も気付かない「日本の原風景」が残っていた。これが波佐見町にホテルを開業した第二の理由です。波佐見町が他の地方都市（といえるのか？）と違うのは、その自然と人工物のマッチングの美しさです。まず、日本の景観の最悪の問題点、美観を壊す看板や造形物がない。それと三世代住宅が多いのでしょう、家が大きく平成のチャラチャラした家が少なく昭和のよき日本の景観が残っている。現に、ブリスヴィラ波佐見を建築するときに、かなりの方から「へんな看板を通りに立てるな」といわれました。

なぜ波佐見町にはそういう「文字になっていない景観条例」が根付いているのでしょうか？　私は、

ホテルロビーは波佐見町民から愛されるホテルを目指す

それこそ波佐見町400年の陶磁器文化のなせるわざだと思っています。波佐見町の町民は、ほぼすべての町民がなんらかの陶磁器の製造工程にかかわって生きてきました。陶磁器の製造は製造段階が分業されており、農家も兼業農家として陶磁器の製造に従事する家庭がほとんどです。結果、家の中には美しい陶磁器を「あたりまえのように」使う生活をおくっています。これがどれだけ町民の美感・芸術観の向上につながったかははかりしれません。

事実、波佐見町の町並みはたいへん美しい。それは町民の美意識がきわめて高いことを意味します。そして、ここが重要なのですが……町民はそれを自覚していないのです。

400年の歴史をもつ陶芸の町が、町民自身の美意識を高めていた……、これは間違いないと思います。そのエビデンス（証拠）は町のいたるところに見られます。波佐見町はバブルの崩壊という『経済の時代』のしっぺ返しをもろにくらった町でもあるので、町の中に倒産した陶器会社の社屋や工場の跡がそのまま残っています。普通ならこれらは解体されて新たなビルになったりするものです。

しかし、波佐見町はこれを温存・再利用し、まことにおしゃれなゾーンを創造してしまう。これがいま若者に人気のスポット「西ノ原」です。つまり、町民に『文化の時代』の感覚が宿っているのだと思います。

波佐見町はまれにみる「自由闊達」な町

遠い昔、16世紀の安土桃山時代、波佐見に陶磁器の製造が芽生える時期にひとりの少年が波佐見に生まれました。その少年は、原マルティノとなって日本初の公式使節として天正遣欧少年使節団の四少年の一人としてローマ教皇グレゴリウス13世に謁見しました。

波佐見町は当時の大村藩であり、波佐見そのものも陶器で栄え、伊万里の港から遠いヨーロッパに輸出されます。江戸時代にはいると、波佐見焼の茶碗は江戸の食文化を変えるほどのシェアを誇るにいたります。この小さな町は当時の日本と世界をむすぶ大きな革新の町でもあったのです。現代にもその文化は生きている。通常、地方の町は閉鎖的だというのが一般の常識でしょう。しかし波佐見町は、自由闊達な町。「よそ者」「若者」「ばか者」を活かすというスローガンを地でいく町でもあるのです。たくさんのIターン者を「波佐見人」として受け入れてくれる。

私も、Iターン者ではありませんが、「よそ者」であることは間違いなく、そのひとりだと感じます。そして毎月第一土曜日の朝6時半から「朝飯会」と称して、一瀬町長、児玉会長以下、いろんな団体や職業の方々が集い、自由闊達に語らう。これがどれだけ横のつながりを密にするかは想像にかたくありません。これがもう１７０余回も続いているのから驚異的です。

これが第三の理由です。「自由闊達」を口にする自治体は多いですが、これほど自由闊達な自治体を私は知りません。

以上をまとめると、
１．波佐見町からホテル出店を要請された。
２．地元の人も気づかない「日本の原風景」が残っている。
３．波佐見はまれにみる「自由闊達」な町
という理由です。

次に、九州教具自身の観点から述べてみます。わが社は、昭和21年（１９４６）本田文具店として長崎県大村市に産声をあげ、昭和25年（１９５０）に九州教具株式会社として、事務機、複写機・ＯＡ機器やオフィス家具から現在のＩＣＴソリューションに至るまで拡大発展をしてきました。いまでは長崎県内から佐賀県、福岡県にまで業務を拡大させています。

そんなわれわれがホテル事業に進出したのは、平成8年（１９９６）に長崎県庁隣、通称「出島地区」と呼ばれる長崎市江戸町に、ビジネスホテル第1号「ベルビュー長崎（現ベルビュー長崎出島）」でした。このホテル開業の動機ですが、私はかねてからビジネスの永続のためには、以下の二つが重要だと考えていました。それは、企業の競争優位には二重のポジショニングが重要であるということです。
１．収益性の高い事業に育てていくというポジショニング
２．その事業内で、自社が他社と比べてユニークなポジショニング（競争戦略）をとるべき
それまでの事務機販売業のビジネスモデルでは、複写機を販売してメンテナンスと消耗品で継続取

引をはかる。薄利多売の卸・流通業の色合いが強かった。お客様にとっての付加価値は薄く、われわれは、メーカーのディストリビューターの色合いが強いというものでした。皆さまもご存知のように卸売業というのはすでに30年前から淘汰産業だといわれておりました。事実、私自身が事務機販売業とはペーパーレス化や、在庫管理、セキュリティ対策など、「自分自身でやれてもいないソリューション」をさも、やれるかのようにいってお客様に販売する虚業だと考えていたのです。

ここに独自のビジネスモデルを構築したいと考えました。つまり製造業がリサーチ&デベロップ部門（R&D：研究開発）をもつように、わが社も卸売業からサービス業へと転換をはかるために、自らサービス業を運営し、そこで得たノウハウや構築したソリューションを、お客様の「お困りごと解決」に使おう。「事務機屋」から「問題解決業」への変換。もっといえば、「虚業から実業」への転換を目指そうと思ったのです。その実験部門はデータやエビデンスを取るためにも24時間年中無休のサービス業がいい。それがビジネスホテルという業種だったわけです。

ＩＣＴ対応力、セキュリティ、快適性、ホスピタリティ、グローバル性など、これから飛躍的に求められるこの未知の世界は「自ら経験」せねば身につかない。おしみなくソリューション事業部（事務機事業）のノウハウと人材をつぎ込み、どこにも負けないＩＣＴ対応ビジネスホテルをつくりあげる。そして、そのノウハウを再びソリューション事業部にフィードバックする。このサイクルがまわれば、ホテル事業部とソリューション事業部は、「他社と比べてユニークなポジショニング（競争戦略）」を構築できるし、収益性も飛躍的に向上すると考えました。

あれから20年、現在九州教具ではその計画は実現したと思っています。しかしながら、世の中の動きは想像以上にはやいものでした。

『経済の時代』から『文化の時代』へのパラダイムシフト

九州教具がベルビュー長崎出島をオープンした１９９６年当時、すでにパラダイムシフトは始まっていたように思います。それは戦後長らく続いた『経済の時代』が、あのバブルの崩壊とともに終焉し『文化の時代』に突入したという実感です。これまでは、すべての価値をカネという「形式知」ではかる時代が長らく続きました。カネを借りるにも「土地」という目に見える担保が必要でしたし、美術品の価値もカネの価値におきかえてはかる時代でした。故にすべてが「将来価値が上がる」ことを前提とした投機の時代でした。そしてそれが当たり前だという価値観の時代。その『経済の時代』が、戦後から60年も続いたのです。

しかし、バブルの崩壊とともに経済は縮小。日本は不毛の20年を歩み続けています。政府がどう好景気を演出しようとも、その実感は乏しく、日本の地盤沈下はつづいているように感じます。しかしながら、豊かな『経済の時代』に、多様な価値観の醸成は確実になされており、現代は多様な価値観『文化の時代』に突入したのだと考えています。

『経済の時代』は価値観があまりにも統制されていました。学歴は低いより高いほうがいい。就職する会社は小さいより大きいほうがいい……。大手企業を退職してサービス業にでも移ろうものならドロップアウトといわれていました。たいへん価値観の狭い「形式知」重視の時代でもあったのです。

ところが、多様な価値観の『文化の時代』はなんでもありの世界です。学歴も職人も自由業もアーチストもなんでもありです。いわゆる言葉に表現できない「暗黙知」の時代です。カネという誰でも目に見える価値観から一転し、「好きか嫌いか」という本人にも理由のわからない愕然とした「暗黙知」が左右する時代なのです。この世の中、一見、見た目はなにも変わっていないように見えますが、その価値観は180度逆転しているのです。

日本の不幸は『文化の時代』に『経済の時代』の過去の成功体験で対処しているところにある。この『文化の時代』の20年間の急激な発展の原動力はインターネットとICTの急激な発展が大きな要因になっていることは間違いありません。『経済の時代』末期に生まれたインターネットは、世界をグローバル化し価値観を統一化（アメリカ化）すると言われていました。ソビエト連邦の崩壊もあり、フランシス・フクヤマが1992年『歴史の終わり』を著したときには、世界はひとつになると言われたものでした。しかし、現実はまったく逆で、世界のローカル地域がグローバルに発信し、世界はいま、混乱の極みとなっています。日本などはまさにこのとき、バブルが崩壊していました。

これも、世界はけっしてアメリカ的な価値観いわゆる『経済の時代』の価値観では統一されず、それぞれの歴史と文化と価値観がインターネットを介して噴出するという『文化の時代』のパンドラの箱を開けてしまったとさえ言える状態だと思っています。

話をミニマムにすると、まさに波佐見町もこの『文化の時代』に覚醒したのです。『経済の時代』の論理では、たしかになにもないところです。しかし、『文化の時代』の見方ではじつにユニークで発信するものの多い地方の町だといえるのではないでしょうか。

九州教具はホテル事業部を設立してはじめて、まさにこの『文化の時代』の覚醒を肌で感じました。宿泊特化型で安さと立地一辺倒だったビジネスホテルの付加価値は多様化し、様々なホテルが台頭し、『経済の時代』の価値観のホテルが凋落していくさまを見てきました。3年前のお客様のニーズと常識は、いまや古く、日々日進月歩でお客様の潜在ニーズは刻々と変化しています。

『文化の時代』は地方の時代

よく、東京は生き残り、地方は消滅するといわれます。これ本当でしょうか？　消滅する地方もたくさんあるでしょう。しかし、それは『経済の時代』の古い価値観ではないでしょうか？

カネの流れがいちばんの価値なら、そうかもしれない。しかし、『文化の時代』の価値観では、栄える地方もあれば、東京が高齢化と老朽化でスラム化していくといえるかもしれない。

そう感じて、わが社もこれまでのホテルの成功体験をリセットして考える必要性を感じていました。これまでの、都市対応大型ビジネスホテルから、田舎を覚醒させるカテゴライズ不能の未来型ホテルへの実験という発想の転化です。『文化の時代』型ホテルの創造といってもいいでしょう。

キーワードは持続型・永続型・地産地消、いわゆるサスティナブル：sustainable なホテルです。

「CSV（Creating Shared Value＝共通価値の創造）」経営という考え

CSVの発想は、米国の経営学者・ハーバード・ビジネス・スクールのマイケル・ポーター教授が提唱された考えです。おなじくポーター教授が提唱した「CSR（Corporate Social Responsibility：企業の社会的責任）」という考えはかなり社会に浸透していると思います。企業が率先してボランティアをする。寄付をする。まちづくりに協力する。とても大事な活動です。しかし昨今、問題も見えてきました。

CSRは、しょせん余ったおカネと余力で行うものですから、企業の業績が傾くと真っ先に削減されてしまいます。大企業といえどもいまや業績のよいところは少ないので、スポーツ部が廃部になったり縮小されたりするニュースはよく聞きますね。文化活動やひところもてはやされた企業メセナ（企業の芸術文化支援）も同様です。この業績に左右されるところがサスティナブルではないんですね。つまり持続性が危うい。

そこで、「CSV＝共通価値の創造」はCSRを一歩すすめて、社会の要請を事業家すると考えます。つまり、「まちづくりをビジネス化」するのです。私は、10年ほど前からこのCSVの考え方を勉強してきました。まちづくりがビジネス化できれば、利益が再生産し、まちが潤い、周りも自分のビジネスも潤う。誰も損しないサスティナブルな社会が実現できるのではないかと考えたのです。

長崎県は離島が多く、どの市町村も人口減と経済の低迷に悩んでいる。観光で人が来るのは長崎市とハウステンボスだけ……。ほんとうにそうなのか？

チャンス！

そのチャンスは２０１３年2月7日、北九州市でおきました。九州教具北九州支店がある北九州市。毎年恒例の銀行主催のビジネスフェアが、ＪＲ小倉駅に隣接した西日本総合展示場で開催され、弊社もソリューション事業部で出展いたしました。この年は、はじめてホテル事業部もいっしょに出展したのです。ホテル事業部にとっても北九州市はものづくり系の企業も多く、たくさんのお客様がいらっしゃる地域だったので、営業活動のてこ入れのためソリューション事業部のブースに併設するかたちで出展したのでした。つまり、各出展業者に対しホテルの営業・告知活動をするために出展したのです。私も終日、ソリューション事業部とホテル事業部のスタッフとブースに立っておりました。するとそこに波佐見役場の中村元和くんが、汗を拭き拭き入ってきたのです。

話を聞くと、「波佐見町の工業団地に誘致企業勧誘に来場した」というではありませんか。ご苦労だなと思っていたら、意外な言葉を続けたのです。

「一瀬町長からホテルも誘致してこいといわれました」

波佐見町は観光活性化のためにホテルを欲していた

「ホテル誘致を依頼しても断られ続けた」誘致企業からも、ホテルもない町では困るとの言葉もあったとのこと。かねて私自身が営業マンだった時代、長崎県内でもっとも美しい町だと感じていた波佐見町からのホテル勧誘は、このときでした。

帰社してからさっそく「波佐見町ホテル建設計画」を検討しました。ほどなくホテル出店の意思を波佐見町に伝え、具体的な計画をたてました。前記の「CSV＝共通価値の創造」的な価値観のホテルを、誰もやったことがない新たな価値観のホテルを建てる。その一心で計画し実現したのがいまの「ブリスヴィラ波佐見」です。

波佐見町の新たな付加価値としてのホテル、波佐見町民から愛されるホテルを目指し、もっともっと変革し続ける「ブリスヴィラ波佐見」であり続けたいと思っております。

【プロフィール】
船橋修一（ふなはし　しゅういち）九州教具株式会社　代表取締役社長
1959年、長崎市生まれ。長崎造船大学（現：長崎総合科学大学）管理工学科卒業後、ネバダ州立大学へ留学。帰国後、コンピュータシステム販売会社に就職し、バイク用品のブティック経営や飲食店を経て1987年九州教具入社。顧客データベースの構築や社内グループウェアの導入を行い、それまでの御用聞き営業スタイルを、ソリューション（問題解決）提案型に変革。一方、長崎市内でビジネスホテル事業に着手。2000年からは経営品質向上プログラムを軸に、二つの異なる事業を両輪として運営しつつ、現場力・社員力の向上をはかっている。

波佐見温泉が蘇るまで

マツケンホーム　株式会社松下建設代表取締役　松下　和徳

はさみ温泉センターの廃業

波佐見温泉は1966年（昭和41）「波佐見温泉センター」として波佐見町と第三セクターで日帰り施設として開業。約500メートル離れた志折泉源から冷泉を引き加温して営業していました。当時私は小学1年生で、田園風景の中に突如現れた施設に祖父といっしょに歩いて通っていました。子供の私の目的は温泉ではなく、祖父からお風呂上がりに買ってもらうアイスクリームが目当てで「温泉に行くぞ！」と声がかかるのが楽しみでした。

泉質はナトリウム炭酸水素塩泉（重曹泉）、西日本一の泉質という大学教授のお墨付きで、とろみがあり心地よい美肌の湯として人気を集めました。その後2軒の宿泊施設を増設し、長期湯湯治や団体客も多数訪れるようになり、周辺に民宿や飲食店などが出店し、温泉商店街として夜も賑わいを見せるようになっていました。また、ゲートボールが盛んな時期は、屋根付きのコートを併設し各種大会を催し年配者の人気を集めました。

しかし、第三セクターの常といいますか、経営状況は次第に厳しくなり、幾度となく経営者が変わり衰退の一途をたどります。私がいまでも思い出すのが廃業間際に息子と入浴したときシャワーをひねると……「出ない?」。すると、隣の常連さんから「そこは出ないよ!」とひとこと、使用可能な箇所を教えてもらい体を洗ったの覚えています。常連さんも「お湯はピカ1なんだけど、古くて汚くてね」。と残念がっていました。そして老朽化や利用者の減少によって2006年(平成18)に廃業を余儀なくされました。

私は温泉の目の前で建設業を営業していましたが、廃業間際の地域の雰囲気は、仕方ない、別段温泉センターがなくなってもそう大したことはないだろうという感じでした。しかし、いざ廃業されると、いままでついていた照明はなくなって真っ暗になり、車の通りもめっきり減ってしまいました。それに追い打ちをかけたのが施設の荒廃です。人の出入りがなくなった施設はガラスが割られ何者かが出入りし、室内は荒れ放題で目を覆いたくなる惨状でした。こうなると地域の衰退は止まりません。民宿や飲食店が後を追うように1軒、また1軒というように廃業していきます。最終的に営業を継続できたのが民宿と飲食店が各1軒、育ててもらったこの地域をこのままにしてはいかんという気持ちが私の中にも高まってきました。

復興への動き—波佐見町が新源泉を掘り当てる

波佐見町の方でもなんとか温泉の復興をということで、各種団体・企業に問いかけましたが、先の見えない不景気のなか手をあげるものは出ません。そんな折、一瀬町長が温泉を復興する者あらば新泉源を新たに掘削するとアドバルーンを打ち上げます(泉源権は当初から町所有)。メイン銀行より温泉施設用地を弊社マツケンホームで買い取らないか(「あんたしかおらんやろう?」)とオファーを受け、後先考

「陶農レストラン清旬の郷」の外観

えずに引き受ける決断をしました。

この決断に至った経緯は、衰退して行く地域をどうにかしたいという想いはもちろんですが、NPO法人グリーンクラフトツーリズムで町おこし活動に参加していたのが大きな影響を与えました。

そうと決まれば走り出すしかありません。さっそく町づくりのメンバーたち（西海陶器児玉盛介氏、新栄観光山脇栄次氏、西海陶器小林善輝氏）と2008年4月（平成20）「株式会社　はさみプロジェクト」を設立しました。支配人予定者の元親和銀行波佐見支店支店長財津康信氏（温泉開業を機に波佐見町に移住）とともにイデアパートナーズの井手修身さんにアドバイスを受けながら、九州あちこちの温泉をまわり、新しい「はさみ温泉」のあるべき営業スタイルを探し求めました。設計コンセプトも、現在の敷地を生かし田舎の風景に溶け込む建物になるように検討を進め、計画を練り上げてゆきます。

「温泉事業を復興する！」と手を挙げたので、波佐見町も同年7月から温泉敷地の川向かいの公園敷

炭酸濃度の高い炭酸泉が評判の波佐見温泉

地で、新温泉源のボーリング工事を開始してくれました。

波佐見町の温泉掘削と並行して行わなければならないため、最大の課題が資金調達でした。温泉が出たとしても、もし開業できないとなれば笑い者です。新会社は最低限の資本金で設立し資金集めをスタートさせました。

どうにかして温泉を復興させ町を活性化させたいという私たちの志とは裏腹に、資金集めは難航します。復興計画については詳しく聞いてくれるものの、ハイわかりましたと出資を同意していただけたのはわずか。資本金の少なさを指摘されたり、以前の「温泉センター」の失敗に例えて、うまく行くはずはないと一蹴されることも数え切れません。一進一退はつづきましたが、資金集めにいちばん貢献してくれたのは、私の父故松下猛でした。地域の復興を願い町内外問わず親戚や知人・友人を訪問し、大口から小口まで多数の出資者を集めてくれました。感謝の念を忘れません。

私達自身も出資金を増やし、少しづつ資金が集まり出した同年11月、地下1000メートルから日量千トン（約41度）のお湯が出る新泉源を掘り当て、町民一同歓喜に沸きました。これに時を同じくして新泉源施設の設計図も完成し、より具体的に資金集めができるようになりました。

温泉開業へのステップ

翌年2009年中の開業をめざし、産炭補助金の申請を県の方におこないました。温泉施設1億6千万円・農家レストラン施設6千万円事業計画合計2億2千万円という内容でした。申請結果は「却下」。理由は、温泉事業自体に高収益は見込めず投資額が大きすぎる、というもの。当然といいますか民間金融機関に見向きもしてもらえず、計画の見直しを迫られました。

そんな折、県農政部に県単独の補助金枠に空きがあり、私達が計画しているレストランが地元農作物の地産地消がコンセプトであるということから、ぜひ申請してくれとのオファーが来ました。早速、農業法人を設立し補助金を利用してレストランをまず開業するステップを踏みました。

年末から建設工事を開始し、翌2009年4月に「陶農レストラン清旬の郷」をオープンしました。波佐見焼の器を使い地元産の野菜と鬼木の棚田米をかまどで炊いて提供するのが基本コンセプトで、料理を作るのは町内のおばちゃん達というマスコミ受けする内容でした。報道関係にも取り上げられ華々しいスタートを切りました。

飲食業は私も含めて素人集団の運営であり、紆余曲折の日のスタートでもありました。ボランティアでイベント時に出していたのとちがい、当然商売としてのレストラン経営は、お客様の満足を得られるまでに数年間かかり、それまで妻と私の年中無休のチャレンジがつづきました。人生のうちでいちばん妻に心身ともに苦労をかけた時期でもありました。

今ではレストランの看板メニューになっている「ナポリピッツァ」ですが、開業2年目の夏に、イタリア帰りのトミーさん（博多でイタリアンレストラン・ガエターノ経営、日本全国にナポリピッツァを広めている）を友人に紹介してもらい、それまで陶器を焼いていた宮田純くんにピッツァの何たるかを伝授していただき、材料もすべて同じものを使えるよう手配してもらいました。本場の石窯ピッツァも提供できるようになり、少しずつレストランも軌道に乗って行きました。

温泉事業スタート

レストランを温泉事業から切り離したことにより、身軽な計画になって２００９年度に再度産炭補助金の申請をおこないました。今回は事業総額が抑えられたことにより無事申請も認められて、２０１０年4月開業目指して大きく前進することができた。

ゴールデンウィーク前の開業を目指して11月に温泉施設基礎工事の着工、年末の雪の舞う厳しい寒さの中、マッケンホームの大工さん達総動員での上棟と、正月休みを短縮して工事は進みます。工事は順調に進んでいく中、建物の姿が見えてくると出資者の数も増え、出資金の５％を毎年配当金に変えて株主優待券として配布することも周知されて行きました。

いまでも印象的で覚えているのが、ご近所のおじいさんが、年金が入ったから使ってくれとほぼ全額と思える額を出資していただきました。この皆さんの期待に答えなくてはと、ますます気持ちが高まって行った時期でした。

掛け流し＋炭酸泉の選択

入浴施設のプランでは、新泉源は湯量が豊富なことから、当初より室内の各2カ所の湯船は新源泉、1カ所は旧源泉（冷泉）の掛け流しとし露天風呂だけ1部循環（溢れた分は排出）を計画していました。サウナも設置し旧泉源を水風呂として活用し、シャワーも新泉源と旧泉源をミックスして使用するという、近隣にない贅沢な温泉で差別化を考えていました。いよいよ最終的な配管工事施工の施工間際になって、思いもしなかった課題がもちあがりました。

それは財津支配人が波佐見町のこうの医院の河野医院長に温泉の出資のお願いをしているときに発生しました。河野先生はもともと人工的高濃度炭酸泉を活用して体を活性化させる治療をおこなっておられ、波佐見温泉も「可能であればぜひ炭酸泉装置を検討してくれないか！」と……。

そして、この分野の第一人者炭酸泉で慢性疾患の治療と予防を広めている、浦川豊彦先生に泉質の調査をしてもらってくれとのことでした。それから数日後、新泉源の検査に訪れた浦川先生は、波佐見温泉は弱アルカリの重曹泉なので炭酸との相性はよくないはず、と説明しながら調査機械を車からおろし渋々検査を始めました。（私にはそう見えた）（笑）

それから数分後です。浦川先生の表情が一気に変わり、おもむろに携帯を取り出し河野先生に電話されたのです。「先生これはすごい！　炭酸との相性が抜群だ！」と興奮状態でした。私たちは意味がわからずにいると、炭酸は相性がいい泉質と馴染まない泉質がある。新泉源は抜群に相性がいいので是非人工的に炭酸を付加して高濃度炭酸泉で開業してくれ、ということでした。新泉源には元々200ppm弱の炭酸成分が入っているのですが、これに三菱レーヨンが開発した炭酸泉付加装置を使って高濃度炭酸泉（1000ppm以上/1ℓ）にして入浴すると、必ずや糖尿病など慢性疾患の治療や予防に悩んでいる人を救える、ということです。

そこからが問題です。まず炭酸泉なるものに入ったことがない私たちは、本当に体に良いと感じられるのか体験するしかありませんでした。さっそく、財津支配人・私夫婦と浦川先生から紹介していただいた、大分県九重町の夢大橋の近くの「山里の湯」に行きました。小さくこじんまりした温泉で中に入ると、浴槽に泡混じりの温泉がジャワジャワと注入口から出ていて、湯温は40度くらいで炭酸は１１００ｐｐｍ程、この温度でこんなに高い炭酸濃度は珍しいそうです。しばらくすると全身に気泡が付き、湯当たりすることなくゆったり入れます。初めて体験する高濃度炭酸泉の掛け流しの湯であり、気持ちは良かった~という感じで風呂を上がり帰路につきました。しかし、高濃度炭酸泉の実力を知ったのは帰りの車の中です。30分ほど経つと足元からポカポカ！　これが次の日の朝までつづきます。これには3人ともビックリで、体の芯まで温まったのです。

さっそく、財津支配人と炭酸泉設置の検討をしましたが、大きな問題が横たわっています。いちばんは資金で、人工炭酸付加装置の設置費用が１１００万円。２番目は源泉掛け流しの予定で、すでに設備配管工事も進んでいたので、炭酸を購入して人工的に付加しそれをそのまま捨ててしまうという非効率・非経済性の問題です。３番目は根強いファンの多いサウナの設置。工事も進み最終的な決断が迫られました。資金的に炭酸泉・サウナ両方は不可能であるので、どちらを選択するか？

ここで私たちが決断の基としたのは波佐見温泉の歴史でした。すなわち西日本一の泉質に惚れて体を癒しに来ていただくお客様、なかんずく湯湯治客が多いことです。サウナは経営の状況をみて設置する、非効率な炭酸泉になるが、源泉掛け流しのコンセプトは変えず体に優しい綺麗な温泉を目指す、と判断したわけです。設備工事工程ギリギリのところでの選択でした。

はさみ温泉「湯治楼」開業―5年目に黒字化

2010年（平成22年）4月ゴールデンウィーク前にはさみ温泉「湯治楼」が開業しました。名前は町民の皆様に応募してもらい決定しました。新しく生まれ変わった温泉に、町内外からたくさんの方々においでいただくようになりました。予想以上に炭酸泉の人気が高く、順番待ちが出るほどであり、掛け流しもお湯が綺麗と評判もよく、混雑するときもお湯が汚れにくくベストな選択でした。

開業してみてお客様の声で多かったのが、宿がないのかという問い合わせです。以前の「温泉センター」は宿泊もできたし近隣に民宿も5～6軒あり、1軒だけ残った民宿ではキャパは足りません。そこで、偶然弊社の2階にある2LDKの3世帯分が空室になったのを機に、素泊まり宿として許可を取り、「マッケンの宿」として営業開始しました。温泉とレストランが開業してから年間入場者は約10万人、少しずつ昔の賑わいを取り戻してきます。温泉開業4年目にはサウナも予定通り設置し、サウナファンの期待に応えることができ、約1割ほど来場者が増え、温泉開業5年にしてやっと黒字化することができました。

この年のもうひとつのビッグニュースとして、東京で暮らしていた長女が、飲食の店長をやっていた旦那予定者の中谷聡くんを連れて帰郷したことです。初めて我が家に来て家族の前で「アキと結婚させくだい！」というと、亡くなった父が私より先に「どこに住むとか？」と聞くと、彼が「波佐見に住みます」。すると父は「お～それなら許す」と私の出る幕もなく決まり、温泉とレストランの運営を任せることになりました。中谷は長女以外誰も知らない波佐見に来て、同世代の商工会青年部に優しくしてもらい、なんとよそ者なのに今年から青年部部長を拝命して町おこしの一翼を担っています。波佐見の寛容さがここにも表れています。新しい人の流れが出てくると風も吹いてきます。温泉の前にスナックがオープンし、長期休業していた居酒屋もリーニューアルオープンし、ちょっとずつ元気が出てきます。

そんな折、お客様も私たちも1番待ち望んでいたホテルの進出に九州教具の船橋社長・副社長が手を挙げてくれました。温泉・レストランの目と鼻の先にある弊社の資材置き場に、2015年2月、木造2階建て44室のホテル「ホテル　ブリス　ヴィラ　波佐見」をグランドオープンされました。最新のOA機器に、ぐっすり眠れるベッドに、しっかり朝ご飯もついている。この朝ごはんには助かっています。マツケンの宿のお客様も、予約すれば食べれるのでお互い強みを生かしての共存共栄です。

そして何よりホテルのおかげで、温泉・レストランの来場者も1割増加し、トータルで年間12万人の来場者を数えるまでになりました。夜も観光客が歩くようになり元気度もかなり上がってきました。

「ミナミ田園」の今後—娘夫婦の東京からの移住

中谷たちがこの温泉界隈につけた名前は「ミナミ田園」です。今年5月にはレストラン敷地の掘建て小屋に、福岡から来た成末くんが「リトルハニーコーヒー」をオープンしました。コーヒー好きの人たちを楽しませ、その隣に12月初旬フレッシュママが作るこだわり手作りパン屋さんもオープンします。これからこの地も新しい人が入り、ますます賑わいを増すことになるでしょう。

将来の展望としては、民泊を含めて宿や飲食店を増やすことです。

最近はこの不便な波佐見町にも観光客の方々が増えて来ました。私たちが当たり前と思っていた暮らしや町並み、そしてゆっくり流れる時間と町民との会話を楽しみに来る人たちです。平均して来町していただくと助かりますが、どんな商売もそうはいきません。マツケンの宿でも連休や近隣でイベントがあるときは、予約電話が幾度となくかかり、「すみません満室です」の繰り返しです。少しでも多くの方々を受け入れる体制を作ってゆきたいものです。

最近東京のＩＴ・ＡＩ関係の若手経営者との勉強会で知り合いになり、彼らが波佐見町に来ると、この風景になぜかメチャ感動します。彼らの仕事は日々ＰＣとにらめっこであり、鬱になる社員もいるそうです。そんな社員さんのために私たちが、温泉付きレンタルオフィスやシェアハウスを準備し、彼らが毎年1カ月か2カ月は田舎でリフレッシュしながら仕事する。彼らは別に東京でしか仕事ができないわけではありません。ＰＣひとつで世界中どこでもできます。ぶらっと波佐見来て心豊かになってぶらっと帰る。故郷に帰るみたいな感覚で立ち寄り滞在する、そんな町、そんな空気を作ってゆきたいですね。


【筆者プロフィール】

松下和徳（まつした　かずのり）マツケンホーム　株式会社　松下建設　代表取締役。

１９６０年生まれ。波佐見町出身。熊本工業大学卒業後、佐世保市にて勤務。平成元年より松下建設に入社。１９９９年代表取締役就任。

２００８年、株式会社波佐見プロジェクトを立ち上げ波佐見町ミナミ田園地域の活性化に務める。現在（株）松下建設代表取締役、（株）はさみプロジェクト代表取締役、波佐見町観光協会会長。

若者座談会

俺たちの町　波佐見ってどげん？

――「ハッピータウンはさみ祭り」でみなを「ドキッ」とさせたい!!

山脇慎太郎　岩嵜大貴　里山賢太
村島慎一郎　馬場匡平
司会：城後光

いちど波佐見を出てからもどってきた

城後　昨年、波佐見に移り住んできました。そして、ここにいる若い人たちとお会いすることになりました。30代、40代の人たちが元気なことが、町が盛り上がっている要因のひとつだと各方面で聞きます。そのあたりのことを話しあってみたいと、本日は集まってもらいました。まず簡単な自己紹介からお願いします。

岩嵜　波佐見町で紙のパッケージを作っているメーカーで、社長をやっている岩嵜といいます。38歳で、趣味はゴルフです。

山脇　山脇慎太郎です。33歳です。もともと親父が自動車販売の会社を創業して、現在はそれに旅行業や貸バスの事業を加えて、「波佐見の皆さんと一緒に」というスローガンのもと仕事をやっています。外から帰ってきて8年になります。（岩嵜氏に）帰ってきて何年？

岩嵜　16～17年かな？　あんまり考えたことな

左から、城後光、馬場匡平、里山賢太、岩嵜大貴、山脇慎太郎、村島慎一郎のみなさん

いな。

村島　村島です。満で33歳です。波佐見で主にカンバン業をやっています。頼まれれば焼物屋さんの什器も作るし、イベントにも協力し大工仕事もやったりします。何かするというより口ばかり出してますね（笑）。そんな感じでやっています。

里山　里山賢太です。家は大工の家系です。年は40歳です。波佐見に帰ってきて10年ぐらいですかね。

岩嵜　10年か……。じゃあムックができたのと同じ頃？　去年の10月がムック10周年だったか。

城後　戻ってきたという話が出ました。皆さん一度は波佐見から外へ出ているわけですが、生まれてから外に出るころまでの波佐見と、戻ってきたときの波佐見の違いについてどんな印象を持たれましたか？

里山　18歳で社会人になったから、都会に憧れる気持ちがあったね。だから行先はどこでも良かったかもしれん。

城後　波佐見から出たのはどんなタイミングでしたか？

里山　高校を卒業して就職のときやね。といっても就職先は長崎やけどね。でも、それでも良かった。とにかく独り立ち・ひとり暮らしをしたいという気持ちだった。それは誰にもあるんじゃないの。

城後　そのころ、波佐見の印象はどうでしたか？

里山　記憶にないな……。

山脇　ここにいる僕らにとって、焼物の町との特別の関連はないですよ。

村島　たんに生まれた地元の町、という感じ。

里山　同級生がいる町という存在かな？

家業があったから波佐見に帰る気になった

岩嵜　でも、小学生のころ、(株)和山の前にマイクロバスが4台停まっていたのを覚えている。焼物関係で働いているおばちゃんたちが多い町という感じを持っていた。それは記憶として残っている。その程度かな。

山脇　むかしはおばちゃんたちは自家用車を持っていなかったから、会社が送迎していた。

岩嵜　出荷量も全然違ったはずだ。生地屋さんのトラックは結構大きかったと思う。

城後　ということは、皆さんが波佐見から出ていくころ、窯業として売上高はまだ結構あった時期でしょうか。

山脇　う～ん、正直なところその辺のことは分からなかった。

里山　僕ら4人は焼物関連の仕事じゃなかったからね。馬場匡平のところは違ったけど。

山脇　焼物と直接関係がなかった僕らからすると、その辺はまったく見えていなかったかもしれない。

岩嵜　轆轤《ろくろ》もやったことないしね。

里山　コップなんかの器の底を見ても、どう違うのかよく分からんからね（笑）。

村島　だって、食器はバリバリ「有田焼」として売られていたからさ。

城後　じゃあ、福岡にせよ東京にせよ、行ってみて、そこから波佐見を見たときの感じはどうでしたか？

馬場　遅刻してスミマセン。僕は22歳の最後の月に戻ってきたので、今で19歳になるのか……。外から見た波佐見の印象ですか？　別に何もないですね（笑）。出るときは、「あぁ18歳か。外に出れるね」って感じ。皆、一回は外に出るといいよらすけん、出てみようかなって感覚でしたね。正直に言っていいんですか？　特に気にする存在ではなかったですね（爆笑）。帰らんば（＝帰らなければならない）とも思っていなかった。親から帰ってこいといわれたけん、とりあえず帰ってきた。

城後　皆さん、親から帰ってこいといわれた？

山脇　全然いわれなかったです。むしろ「帰ってくんな（＝帰ってくるな）」みたいな感じだった。

城後　皆さんいろんな事情で波佐見に帰ってきたわけですが、地元に帰ってきて、何かしたいという考えは持っていましたか？

馬場　僕はなかったです。

村島　ただたんに地元に帰ってきたという気持ちだけでしたね。

里山　皆が帰ってきたのは、親元が家業をやっていたからじゃないですか。

岩嵜　いずれかの時点で、自分が後を継ぐことになるやろね、という気持ちはあった。

山脇　親がサラリーマンだったら、なかなか帰ってくることは難しかったと思いますね。

村島　そう、親が商売をしてるから帰ってきた、というのはあった。

里山　帰りたいときに帰ってくれば、食べていくための仕事はあったから、何とかなるさとは思っていた。

岩嵜　長男以外で波佐見を出た同級生は帰ってきてないな。

波長の合う人にめぐり合い、つきあい深める

城後　そんなふうにして帰ってきましたが、そのころ、波佐見では岡田さんのやっている「ムック」や長瀬さん（陶芸家）が定着されたころだと思います。このように波佐見で何かを立ち上げようとしていた人たちにどんな印象を持ちましたか？

馬場　波佐見に帰ってくるまで、「ムック」にしても、西海陶器さんにしても、そういう動きは知らなかったです。

岩嵜　俺、（児玉）盛介さんのことは（同級生の）児玉賢太郎の親父としてしか理解していなかった。

馬場　スパルタ教育の人ばい、と思ってた（爆笑）。

里山　うちの親父がグリーンクラフトツーリズムの「四季舎」関係で何かしよる、ということは知っていたけど……。

城後　特別に意識していたわけじゃなかった？

岩嵜　まったくなかったです。

城後　皆さんは家業を継いで、そして波佐見のいろんな事に関わるようになるわけですが、外の世界にいたころとのギャップのようなものはありますか？　仕事を始めたときの思いとは？

岩嵜　仕事ね？　そりゃ特別なことはない。普通です。

城後　でも、何か感じたことがあったでしょう。

里山　帰ってきて、仕事どうのこうという前に、まず友達もだけど、初めて顔を合わせる人たちがいたよね。その人たちと自分の感覚が合う場合、この町に一緒にいるわけだから、死ぬまでこの人たちとは付き合うだろうと思った。

馬場　そうですね、同じ感覚です。

里山　匡平が面白いことをやりだしたら、「すげえ！」と思ったし、そうすると波長が合うというか、「それって、いいね！」、俺も何かしようかなと思った。

城後　最初のきっかけは小さなことでも、なんとなく波長が合う者同士でいろんな事をやり始めたら、相乗効果も出てきた？

里山　やり出したら、ヘタなことはできんね、と思った。
岩嵜　やる以上はね。
城後　刺激を受けたいちばんのきっかけは㈲マルヒロの匡平さんですか？
岩嵜　いや、そういうわけじゃない。
村島　匡平は年齢からいって後輩でしょ。彼が帰ってきて、すぐに会って昔のつきあいに戻ったけど、いまは（製品が爆発的に売れて）天狗になっているみたいだけど（笑）。
城後　じゃあ、誰が上とか下とかが交友再開のきっかけになったわけではない？
村島　あんまりないですね。
山脇　窯業界で仕事をしているのは匡平だけだから。業界が同じだったら、上とか下とかの関係が出てくるんでしょうけど……。俺たちの関係は……。
馬場　気を使わないですね。仕事の面でも付き合いの面でも、僕のことをそのままで受け入れてくれるから、いいですね。メールのやり取りでレスポンスが遅くなっても、「お前の都合で送っているんじゃないから（笑）」って、ヘンな気遣いをしなくていい間柄です。

なにか始めるときはルールは後から決める

城後　皆さんよりも上の世代は、このような有機的なつながりが少ないと児玉さんがいわれていたけど、40～50代の先輩世代にどんな感情を持っていますか？
山脇　彼らは、なんとなく遊びがヘタだと思います。僕らから見ても面白くないです（笑）。
村島　そうね。下の世代がついて行こうという遊びじゃないよね。なんか、やっていても楽しそうじゃない、と思えてしまう。
山脇　ゾクゾク感がない。
城後　じゃあ、それを反面教師にしているところもある？
村島　僕たちと上の世代の人たちでは、根本的に見てきたもの、経験してきたことが違うんじゃない。ベースになるものが同じだったら、同調する人、ついていく人もいるだろうけど。

城後 価値観が違うということ？

村島 まったく違う。

城後 では、価値観が違うことを互いに気にするわけでもない？

村島 そうそう。

山脇 遊びの要素をどうにかして仕事に結び付けられないか、という考えが僕たちにはあるのかな。上の世代の人たちは窯業関係者が多いんだけど、製品を作るさいのイメージって、その人がそれまで何をしてきたかの経験に基づく価値観に左右される。その差かな？

岩嵜 時代背景の違いもあるのかな。そのまた上の世代の人からガッツリいわれてきてるから（笑）。彼らの世代は、ある意味で創造しなくてもよかった時代。俺たちの時代は、常に動いて、不安に付きまとわれている時代。新しいことをやらないといけない。でも、できれば趣味をベースにして、仕事を楽しみながらやれれば最高だと思う。

城後 皆さんは波佐見以外の地域・場所と接点があるでしょう。そのつながりをうまく生かすことで、個人としても新しいものを作り出しているんでしょうけど、何か例はありますか？

山脇 匡平は、㈲マルヒロからヒット商品を出したとき外部とのつながりが生きたのでは？

馬場 あぁそうね。忘れてた。もう過去の栄光だね（笑）。僕は波佐見以外の人たちに仕事を振る（＝発注する）というより、波佐見の焼物屋さんと一緒に仕事をするのならどうするのか、と考えていた。そして、町でお祭りを企画しようと思っているけど皆さんいかがですか、というスタンスが「ハッピータウンはさみ祭り」の始まりだった。そのさい、ルール・決め事の数を多くせず、「とりあえず始めましょう！」と。すると、一緒にやってくれる人がルールを決めてくれる。

「ちょっと面白いことをしませんか」と誘いかけて、物を作る場合もあれば、祭りなどのイベントをやる場合もあるよね。

里山　俺は波佐見に帰ってきたときにムックの岡田君と知り合って、福岡の飲食関係者との交流が一挙に拡がって、その人たちが仕事の話をくれたりした。そして彼らが付き合いのある作家やデザイナーに会うようになり、知人・友人が九州全体に広がった。だから岡田さんの力はあったね。

馬場　ムックは〝止まり木〟みたいなものですね。とりあえずチョロッと訪ねて行ったら、誰かが来ているから。

城後　岡田さん以外でそういう人はいますか？ムックが出来て、そのあと長瀬さんが来て雰囲気が大きく変わったという印象を持っています。そしてそれがひとつの物語になっています。

山脇　帰ってきた後、行政と一緒に仕事をやったことがあり、そのとき町に何かインパクトを与えるようなことをしたい気持ちはありました。そしてそれが波及していけばいいと思って……。

城後　最初の行政との関わりはどんなことでしたか？

岩崎　補助金を活用してイベントをやろうとしてたね。

村島　当時、遊び場が少なかったから。

岩崎　遊び場がないなら作ろうという気持ちがあった。40代より若い世代は利用できる情報が多くなり、選択肢も増えて遊び方も変わった。当時はイベントといえば「祭り」だった。遊ぶためのイベントをやり、集客もあり収益も出せた。「ハッピータウンはさみ祭り」もそうだったけど、こんなことができるんだ！　と思った。基礎には町を盛り上げたいという気持ちがあるが、その前に、絶対に楽しむという気持ちがあった。

城後　〈楽しむ〉という観点から見ると、皆さんは家族を巻き込むのが上手だと感じています。

その点でとくに留意していることはありますか？　家族のために楽しめる仕事を作っているイメージを持っていますが……。

岩嵜　嫁さんは波佐見の外から来たので、友達がなく、ずっと俺と過ごすことになるのであれば嫌になるだろうと思って、関わらせています。すると、嫁さんのほうは勝手にやっているみたい。

山脇　勝手にいじられているみたい？（笑）

岩嵜　「唇魔女」（爆笑）といわれるぐらい、ちゃんと居場所を作ってもらっています。お祭りのときなどは単純に人手が必要だからね。

里山　行政が主催する祭りには参加しないけど、俺たちが主催する祭りには出てくるよね。

山脇　そう考えると、町のイベントって、その趣旨がきちんと伝わっていないんじゃないか？　ただ日程消化のためにやっているんじゃないの？

村島　でも、町のイベントがあるから、人が繋がるという部分もあるよね。そこで知り合って気が合う人は、一緒に遊ぶようになるし、それほど気が合わない人とは挨拶程度だし。

馬場　嫌いな人には挨拶もせんけど（笑）。

村島　ひとつのきっかけとして町のイベントに参加するのは、悪いことではないと思いましたね。次に何かを始めるときには、その時のつながりを頼れるわけだし、実績もない人間が何か呼びかけてもほとんど応じてくれない。町のイベントにボランティアで参加していると、町の人はそういう姿を見ているから協力してくれる。

親の世代や異業種の人たちとどう向き合うか

城後　親の世代に対してどのような気持ちを持っていますか？

岩嵜　正直なところ感謝しかないです。皆、同じだと思うけど、ここまで波佐見を盛り上げてくれてありがとう、と。その人たちがいなければ、今日、こんなふうに座談会に集まっていなかっただろうし。児玉会長や町長は当然だが、その次の世代の人々へのリスペクトもあります。会社の創業者の方々には強い尊敬の念をもちます

――面と向かっては言わないですけど。

馬場 言えないね(笑)。でも、本当にありがとう、と思っています。

城後 そういう気持ちが町全体を良くしようという気持ちにつながっていると思うんです。それを直接言葉にするのは抵抗感があるかもしれないが、全体のために奉仕しようという点では一致しているのではないでしょうか。この点は親がサラリーマンだったら、なかなか分かりにくい部分ですね。自分で事業をやっているからこそ、その人たちの苦労がわかる。

他の地域で、このような若者と上の世代の交流・循環がうまくいっていない所もあるんではないですか? ある地域では60代の人たちがまちづくりに奮闘したものの、次世代の人々が他所の地域に移り住んでしまって町に戻って来なくなった、とJR関係者に相談を受けたことがありました。盛り上がりが一時的な地域と波佐見のように継続的な地域の違いは何でしょうか?

馬場 そうですね、一つは、波佐見には産業があることかな。もう一つは、崇拝される人が少ない方が若者にとってはやりやすいこと。付け加えて言えば、親たちが僕たちを産んでくれたこと(笑)。他の地域の人ともよく話をしますが、「この地域は人の数が少なくなってきた」という嘆きを必ずと言っていいほど聞きます。そして、頑張っている世代とそれを引き継ぐべき世代の距離感が大きい。

城後 そういう偶像崇拝される人物がいなかったのが、若者が自由にやれるひとつの要因だったということですか?

馬場 そうですね。上の世代が若者世代に対して権威的に臨むか、あるいは自由にやらせるかの違いが大きいと思う。波佐見には産業があっ

て各々の家が家業をやって、子育てもして、自分たちに引き継がれてきた。ここにいる5人も、僕と岩崎君の父親が仲良かった背景があり子供の関係もよかった、と引き継がれていくような。

山脇　確かに親同士の付き合いがあり、それが子供同士の付き合いに影響することはあるね。

城後　波佐見は元からあった複数の中学校が統合されてひとつになったでしょう。それは、皆さんが近い関係になる要因のひとつではないですか？

山脇　でも、最初に中学校に入学したときはバチバチだったけど（笑）。

岩崎　お互いに、いったんはどっちが上だ、どっちが親分でどっちが子分だ、みたいな感じがあったよね。

城後　でも、その段階をいったん通過すると、先輩後輩の関係もできるし……。

岩崎　敬語で話さなければいけなかった（笑）。

馬場　小学校区の縛りから解放されて、遠くに住む中学校の友達の家にも遊びに行ったよね。

山脇　少年野球のチームはむかしは5つあったんじゃない？

岩崎　でもいまの中学生なんか、ちょっと幼稚な感じがしない？　俺たちが小学生の頃は結構かっこうつけていたけど。服装なんかもヤンキーだったんじゃない？

村島　町全体にそういう雰囲気があったよね。

馬場　でもみんな大人になったら、コンビニで会えば話をするようになった。やっぱりわが町のよかところバイね、と思う。

山脇　匡平のいうように、産業があることは大きな力だったと思う。東彼杵町には彼杵茶があるけど、川棚町にはその面が少し不足していて、商工会の取り組みでもそこに苦労しているようだ。

里山　地域に産業があるから面白いイベントなどができると思う。町でやるイベントの中身がそれによって異なってくるから。

若者にアピールする町づくりの方向性

城後　若者にアピールする町のイベントと、あまりアピールしないイベントの差がでてくるのはどこに原因があると思いますか？

山脇　それぞれ、それまでの経験の下積みの違いじゃないですか？

村島　地域によってはイベントがまったく「ドキッ」としない。

里山　ワクワク感がない。

山脇　どこか別の場所でやっていることをマネているだけ、というのはつまらない。オリジナリティ、個性がない。

村島　そんな場合、会社でも同じだけどプラスにならずにマイナスになる。

城後　波佐見は「これは他の地域ではしないだろう」ということをずっとやってきている。その積み重ねで今がある。これぐらいならうまくいくし、これではダメだろうという線引きが分かってきている。

里山　波佐見の「ハッピータウンはさみ祭り」の一揃いをある町に持っていこうとしても、その本質的なものを理解できる人がスタッフのなかにいない。そのように分かった人がいるかどうかの差は大きいよね。そうなると、祭りを計画しても外から的屋《てきや》さんを呼んでやるしかしょうがない。

馬場　なるほど、そういうことか。

城後　ここでは長崎県民である前に波佐見町民だという感覚を持っていると、移住する前に感じていたのですが、いかがですか？　県庁の方がイベント開催数も多いでしょうから、普通だったら県庁所在地に行く回数は多いはず。波佐見の人たちは、補助金の関係では長崎市に出かけるのでしょうが、気軽に東京や福岡などに出かけていきますね。長崎市より福岡などの方が距離感が近い？

岩嵜　長崎というキーワードにあまり実感がないよね。ホント福岡のほうが近いし。

山脇　波佐見町は単体で存在するよね。

城後　いろんなことを企画する場合でも、そういう意識は無視できない要素ですよね。

里山　とくに県を当てにしていないという部分があるかもしれない。

馬場　反対に、ようやく波佐見の方が当てにされるようになってきたんじゃない？　他所からオファー（誘い）が来だしたね。でも、これは地域の強みですよね。

城後　波佐見を他の地域と比べたら、どんなふうに特徴づけれますか？　どんな色？

馬場　波佐見にもいろんな人がいるから、全体としてどうか、といわれても難しいところがある。岩嵜君だと岩嵜君の色があり、その色を通じて波佐見を知ってここに来てくれる人がいる。村島君ならまた別の色だし、他の人はその色で波佐見を見る。いろんな色があるよね。でも色って変化するから。何色であってもいいと思う。でも、僕らもやがて歳をとるから、新しい血（人間関係）を入れておかなきゃいけんやろね。

城後　今後の地域の課題についてと、やや大きなテーマですが、ここにいる皆さんはある程度波佐見のことを考えるけど、例えばキャノン波佐見工場に勤務している従業員の方が皆さんほど波佐見の事を考えているか、というとそうでもない……。

山脇　人口が減少すると予測されているけど、波佐見にいると、人口って本当に減るのかなぁ？逆に増えるんじゃないか、とさえ思う。

里山　俺も、このように自分たちが頑張っていけば、移住者が増えるんじゃないかと思う。その点で危機感はないけど、俺たちがいつまで頑張れるかにもかかってくる。70歳、いやできれば死ぬまでこんな感じで行きたいな。でもやがて身体《からだ》が動かなくなるだろう。そしたら、俺たちの気持ちを汲み取ってくれる次の世代がおってほしいよね。

村島　でも俺たちがいくら懸命にいっても、若い世代の心に響かなければしょうがないか……。彼らも俺たちと同じような意識をもってくれんと、どうしようもない。

山脇　「ハッピータウンはさみ祭り」がいつまでもつづくといいね。

馬場　やっぱり「今年は入場料を2，000円にアップしたから儲かった！」とか（笑）。引き継いでいくには自分たちの収益も必要なんで、それも大切ね。

里山　これまではリーダー役の人たちがいろいろ引っ張ってきて、町を盛り上げて、俺たちに飯を食わせてくれた。今度は、順繰りで、俺たちが若い世代にしてやらないと。

岩嵜　ここは窯業の面では分業体制だし、それぞれ家業をやり、みんなで子育てもして、誰の子供を育てているのかよう分からんところもあるよね。でも、それって良かとこやね。

里山　行政についていえば、役場の若い人たちがもうひとつまちづくりについて熱くないのを感じる。

村島　人にもよるけど、全体としては公務員だから安泰した枠の中で仕事をしているからね。

里山　彼らももっと楽しんでくれればいいのに。

山脇　採用が決まったときに、「波佐見役場に受かったぞ！」とか言ってくれるとね……。

馬場　それ、良かね！

岩嵜　役場の採用試験の時、一芸試験をやるとか？

山脇　極端ないい方だけど、波佐見で働きたいのか、公務員になりたくてたまたま波佐見役場に応募してきたのか、どうも後者の方が多いような気もする。なぜそう思うのかというと、俺たちがこれまで色んな活動をしてきて、そう見えてしまうところがあるから。採用試験の試験官に俺たちを加えてくれればいいんじゃない？

里山　あっ、それいいよね！　波佐見について400字で書いてみろ、とか。でも人って様々だし、静かに日々の暮らしをしたい人もいるだろう。

馬場　「私は夜の9時以降は外に出ません」という人もいるよ（笑）。

村島　そういう人にとって俺たちは迷惑な存在やね（笑）。

岩崎　町の行事に参加してくれと無理強いはできんよ。

今後どんなことをしたいのか

城後　今後どんなことをしたいか、決意表明をお願いします。

岩崎　そうですね。今、子供が3人いますが、それぞれどこか他の地域に出ていくだろうけど、人生を楽しんでほしいと思っています。自分の子供だけへの気持ちじゃなく、大人になっても同世代にいい影響を与えられるようにやってくれればいいと思っています。

山脇　真面目やね（笑）。このメンバーでずっと面白いことをやりつづけたいです。観光という点では、もっと人を呼び込む余地があるので、自分たちの目線で面白い波佐見をいろんな所に伝えていきたい。そんなコミュニティの場が波佐見全体に点在して展開するようになればいいですね。それが交流人口の拡大にもつながるし、とにかく楽しく生きます！

村島　楽しく！が一番大事で、〝都会風にもならず田舎臭くもない〟という意識を持って、また、他所のマネをするんじゃなく、自分たちが楽しめる地域。遊びが第一で仕事がその次、という感じです。何歳になっても、地区の運動会に出たあと友人と酒を飲む、そういうつながりを保ちたいですね。町全体がそういう雰囲気になれば最高です。

里山　みんなにほとんど言われた（笑）。誰もが波佐見最高！って思える町にしたいです。ただそれだけです。

馬場　自分たちの子供に「父ちゃん母ちゃん、恰好良かね！」といわせたい。この一言につきますね。子供たち世代に「あの人たち恰好よかったね！」っていわれるような生き方をしてたら――それには遊んで銭を稼ぐことも含まれるが――この片田舎の４００年もつづく産業を糧に各々が楽しく仕事をし続けることができる。そうなれば、僕は老いぼれて引退しても良か（笑）。

城後　後になって振り返った時、この５人で語り合ったことは残ると思います。そんな仲間がいるのはとてもいいなと思います。これをつづけていけば波佐見はもっと元気になるでしょう。

ありがとうございました。

（２０１７年10月15日、スタヂオ８３３にて収録）

【座談会参加者プロフィール】

城後光（Ｐ１４８参照）

岩嵜大貴　波佐見町出身。福岡の大学を卒業後、佐賀のパッケージメーカーで修行をつみ、家業である岩嵜紙器の事業拡大を使命として帰郷。２０１４年から同社代表を勤める。基本資材である「紙」の概念を超えた提案力はファッション業界からも注目を集める。

山脇慎太郎　波佐見町出身。福岡、東京で看護師として数々の命を救い、人のお役に立つ仕事を天命と感じ、２００９年家業へ転身。観光事業など新事業を積極的に展開。持ち前の奔放さと無茶ぶりはしばしば周囲を驚かせる。

村島慎一郎　波佐見町出身。看板制作業２代目。福岡市の音楽関係の専門学校を卒業後、波佐見に帰省するが、家業とは別の職業に就職し２００８年に家業に入り、現在に至る。

里山賢太　１９７７年生まれ。大工の次男坊。高校の建築科卒業後、住宅メーカー勤務。規格の中での建築に限界を感じ、もっと自由な建築を行うべく２００９年に家業里山建築へ。現在は住宅、店舗、リノベーションを軸に様々なディレクションを行う。

馬場匡平　陶磁器卸売業３代目。福岡、大阪などで、パン屋、エレベーターの設置などのフリーターを経て、２００８年より家業であるマルヒロへ入社。現在に至る。

波佐見随想

合同会社ＨＲエンゲージメント代表　安徳　勝憲

波佐見朝飯会

「おめでとうございます。皆さんはたった今、三人の優秀な、しかも給料なしのセールスマンの採用に成功されました」

いまから40年ほど前、全日空ホテルズは海外第一号ホテル「センチュリーパーク・シェラトン・マニラ」の開業記念晩餐会にフランチャイザーであるシェラトン・インターナショナル本社から副社長ら３人の幹部を招待しました。冒頭の言葉は、デザートが配られたとき、お礼の挨拶に立った副社長が切り出した言葉です。とっさには理解できませんでしたが、要するに「晩餐会の食事は大変美味しかった。きっとこのホテルは成功するであろう。我々３人は明日ボストンに帰るが、これからは皆さんのホテルのことを周りに宣伝するであろう」

ということらしい。さすがに世界的なホテルチェーンの副社長、うまいことをいうものだと感心させられました。そして2年ほど前、突然この言葉を思い出させてくれたのが波佐見朝飯会でした。

朝５時半に佐世保市内の自宅を出発。参加者は全員何かをしゃべることになっていると言われていたため、生来口下手な私が何を話せばいいか考えているうちに西の原の会場に着きました。最初に気づいたのは参加者の顔がみな明るいということでした。そういえば、ロシアの文豪チェーホフも手紙の中にこう書いています。

「ごきげんよう。なによりも、快活でいらっしゃるように。人生をあまり難しく考えてはいけません。おそらく本当は、もっとずっと簡単なものなのでしょうから」

ご婦人たち手造りのお味噌汁の匂いが立ち込める会場で、町長はじめ40人くらいの参加者が大ぶりの弁当パックをほぼ全員完食中。慌てて掻き込んでいると「定刻の六時半になりましたので」という副町長の声。

一切の挨拶抜きで出席者がつぎつぎに立って3～5分くらい話すのですが、参加者の年代、居所、職業はバラバラ、また話の中身も自慢話と自分の仕事の宣伝以外は何でもありとのことでした。西海陶器児玉会長から途中一度だけ、

「そんな読んだ本の内容なんかいらん。本の名前だけ紹介すりゃあいい。あんたが何を感じ、どう考えたかをみんなは聞きたいんだ」

という教育的指導が入りましたが、おおむね参加者が事前に準備してきた実に興味深い話がつづきました。健康にとって細菌がいかに大事であるかを説く大先輩の話になるほどと感心していると、すぐその後で抗菌ビジネスの経営者が立ちあがって異論を披露する。そんなこともしばしばあり、朝飯会は単に話を聞くのではなく、あらゆる話題について自分自身で考え、判断するという知的訓練の場にもなっていました。

以来、毎月第一土曜日の朝飯会にはできる限り参加するようになり、いまでは待ち遠しく感じてい

波佐見朝飯会の風景

ます。そしていつの間にか以前シェラトン副社長がいっていた通り、波佐見の良さをまわりに吹聴している自分に気づき驚いています。

劉邦と波佐見

「劉邦と波佐見、共通点は何か」、笑点のお題ではあるまいし、かなりムチャ振りの問題ですね。しかし、私にはとても必然性のある組み合わせに思えて仕方がないのです。私の答えを一言で表すなら、「外のエネルギーを呼び込む力」です。

司馬遼太郎は著書『項羽と劉邦』の中で劉邦を次のように「大きな袋」にたとえています。「いわば大きな袋のようであった。（中略）賢者は自分の優れた思考力がそのまま限界になるが、袋ならばその賢者を中にほうりこんで用いることができる」

劉邦が最終的に天下を取ることができた

のは、劉邦の周りには自然と人が集まり、そのエネルギーを自軍に取り込む力をもっていたというのが筆者の見立てです。これは波佐見にも当てはまるのではないでしょうか。例えば先に述べた朝飯会でも、しばしば著名人がゲストとして早朝から参加され、貴重な話を謝金なしで披露してくれています。また最近では西の原のカフェ・レストラン「モンネ・ルギ・ムック」のように、波佐見の良さに触発された若者が移住して、新しい発想やセンスを波佐見に持ち込んで花開かせている事例も増えてきているようです。故松本健一麗澤大学教授は著書『泥の文明　石の文明　砂の文明』において世界の文明を、欧州と米国の①「外に進出する力」、アラブの②「ネットワークする力」、そしてアジアの③「内に蓄積する力」と3つに分けて論じています。私は松本先生の考え方に大変共鳴するものですが、今はここに波佐見の④「外のエネルギーを取り込む力」を加えていいのではないかとさえ思っています。

陶農の里波佐見

某日、朝飯会で知り合った陶磁器商社の役員に面会を求めました。「今朝は畑に寄ってから会社に来た」とのことで、まだ日本ではあまり食べられていない西洋野菜アーティチョークを実験的に10株ほど育てていると目を輝かせて説明してくれました。会社役員として陶磁器の卸・販売に従事することと、自分の畑で汗を流すことがまったく違和感なく共生しています。佐世保への帰途、地元の人気レストラン「清旬の郷」に立ち寄ると、地元で採れた食材と波佐見焼の食器が絶妙のハーモニーを奏でており、「陶農レストラン」という表題がついていました。

「陶」と「農」、なるほど波佐見を実によくあらわした言葉だと感心させられましたが、波佐見町のホームページではもっと欲張った語呂合わせが紹介されていました。つまり陶磁器の「陶」と温泉の「湯」

で「とう」、農業の「農」と伝統芸能の「能」で「のう」、あわせて「とうのう」、漢字では「陶農」と書くのだそうです。なお、「清旬の郷」ではマキで焼いた本格的なピザもよく知られており、私を含め遠くからも常連客が来られています。

ピンチ、ピンチ、チャンス、チャンス、ランランラン

波佐見の歴史を振り返ると、北原白秋作詞の童謡「あめふり」から作られたこの「名言？」があてはまる事例が数多くみられます。ここではそのいくつかを紹介します。

波佐見の藩主家であった肥前国大村家では初代当主大村喜前《よしあき》が豊臣秀吉の命で朝鮮出兵に参加しました。しかし関ヶ原の戦いでは東軍に属したために徳川家康に領土を安堵され、江戸幕府開府後も転封されることなく古来よりの領地のまま明治維新を迎えました。しかし、喜前の父純忠がキリシタン大名であったため、それまで南蛮貿易の中心であった横瀬浦（現長崎県西海市）、そして長崎港をポルトガル人に提供したために貿易利潤を得ることが出来なくなってしまいました。この窮状を救ったのが、窯業でした。天候や季節によって収穫が左右される農業と違い、窯業は年間を通じて安定的な収入をもたらすことができます。喜前は朝鮮から連れ帰った朝鮮人陶工を波佐見に送り、大量生産が出来る登り窯をつくらせたのです。波佐見の語源が「峡」であるという説があるように、波佐見は山に囲まれた狭隘な地形であり、畑作に適した平地が少ないために農業の発展には限界がありました。その代わり波佐見は窯業に適した条件に恵まれていました。陶石が採れただけでなく、物流や陶磁器製造に必要不可欠な河川、燃料となる赤松、そして登り窯に適した斜面地などです。他藩ながら有田や三川内など隣接地にも朝鮮人陶工が住んでいてお互いの情報交換に便利であったろうことも波佐見が選ば

大新登り窯跡

れた理由のひとつだったのではないでしょうか。

17世紀中期に起こった明から清への王朝交代は中国国内に大きな混乱をもたらし、それまで盛んであった東南アジアへの陶磁器輸出はほぼ途絶してしまいました。清朝は１６４４年に中国支配を確立した後も、農業中心の古代的な帝国の復活を夢見た朱元璋が海外輸出を制限する禁海令を発布したため、それまで中国のやきものを世界各地に運んでいた東インド会社などが波佐見を含む肥前の窯業に注目し、日本のやきものの海外輸出が始まりました。波佐見からも口径30センチ以上の青磁の大皿などが輸出されました。アジア文化財協力協会大橋康二理事長によれば、トルコのトプカプ宮殿所蔵品の中に木場山窯で作られたと思われる青磁が見つかっているそうですから、当時は波佐見でも豪華な作品が数多く作られていたと推測されます。

しかし清朝が１６８４年に展海令を発布して再び輸出振興策に転じると、日本からの陶磁器輸出は市場を奪回され、輸出は急速に減少していきます。この危機に際して、波佐見は国内市場に向けて安価な染付磁器を大量に生産することで生き残りを図りました。必然的に登り窯を徐々に延伸していくと同時に、それに応じて生地屋と窯元の分業化が進みました。平成初頭におこなわれた中尾地区の発掘調査では、中尾上登窯は当時世界最大規模の登り窯であったことが分かっています。登り窯は、当時世界最大と言われた中尾郷大新登り窯の場合、全長約170メートルで窯室は39ありました。一つの窯室は幅7～8メートル、奥行き4～5メートルで、それぞれ別の窯元が割り当てられていたそうです。中尾郷には大新登り窯の他にもいくつかの登り窯があったため、大新窯窯主の藤田隆彦氏によれば、最盛期には160以上の窯元があったとのことでした。またデザイン面においても、大阪など大量消費地の求めに応じて柔軟に対応することで国内市場占有率を徐々に上げていきました。

一本の付立筆（つけたてふで）で巧みな染付紋様が描かれた食器はくらわんか碗と呼ばれていましたが、この名前は、江戸時代、淀川沿いで「餅くらわんか、酒くらわんか」と言って売った商人の呼びかけ言葉から名づけられたといわれています。この戦略変換は見事に功を奏し、元禄時代から幕末にかけて、波佐見の陶磁器生産量は全国一であったと考えられています。なおこの中尾上登窯では昭和4年に廃窯になるまでの280年間、大量の陶磁器が焼成されました。

それでも南蛮貿易利権を手放した大村藩の財政は江戸時代を通じて極めてひっ迫していました。しばしば参勤交代の費用にも事欠くほどであったそうです。そんな時、波佐見には藩主出府の際に途中で御目通りを許されるという意味で目見え百姓と呼ばれた篤志農家があり、藩への資金提供を申し入れていたことが古文書に記されています。大村藩は江戸時代を通じて転封がまったくなかった珍しい藩で、その結果として家臣の城下集中が進まず、幕末においても家臣の約2／3は城下町ではなく各郷村に居住していたそうです。このため一部の農家では藩主家に対する忠誠心の強さが他藩とは違っていたのではないかと推察されます。

時代は下り、2000年代初頭から農業近代化を本格化し始めた波佐見は、長崎県営圃場整備、農村総合整備モデル事業の第一号として区画統合を進め、大型農機による作業効率の飛躍的向上を目指しました。しかし、コインに裏表の両面があるように、農業の近代化は、これまで波佐見農業を支えてきた人々や施設の一部が不要となることをも意味します。そこで行われたのが農業用牛小屋の生地屋工場への転換と、余剰農業労働力の陶磁器関連産業への就労でした。これにより文字通り工農一体となった波佐見経済の維持と発展が図られて現在に至っています。

新しいチャンスの息吹　窯業研修生制度

江戸時代、浮世絵は版元の指示のもと、絵師、彫師、摺師の分業体制により高品質、大量生産そして一枚の値段が蕎麦一杯分程度という低価格を実現しました。波佐見では現在もこの分業システムは健在です。

まず「土屋」が陶石から陶土（坏土）をつくり、「型屋」が石膏型をつくります。そして陶土（坏土）を石膏型やロクロをつかって最終的な商品の形にする工場（工房）が「生地屋」と呼ばれています。その後、「窯元」が絵付けや釉薬掛けをして焼き上げます。このように各製造工程が分業することにより専門化・効率化が期待できる半面、そのどれかひとつでも弱体化すると、たちまち全体の生産性が滞るという危険性もはらんでいます。いま特に厳しい状況にあるといわれているのが小規模の生地屋です。なぜなら一台5百万円から1千万円もする高額な自動ロクロ機械を導入した生地屋が大量生産品を一手に手掛けるようになり、手作業中心の小規模生地屋の操業率が大幅に低下しているからです。しかし一品５００個から１，０００個程度の注文もあるため、これらの需要を満たすためには今後とも小規模な生地屋にも頑張ってもらわなければなりません。

このピンチを克服すべく、いま二つの挑戦が始まっています。そのひとつが生地職人の大学への講師派遣です。派遣先は東京芸術大学や武蔵野美術大学などで、受講生に生地作りの実態と面白さを知ってもらうとともに、一流大学の学生に教えるという体験を通じて生地職人に自分たちの仕事に対する誇りと責任の大きさを再確認してもらうことを目指しています。

もう一つが平成27年からスタートした研修生受け入れ制度です。この制度は、原則一年間の研修期間中、研修生は月額12万５千円の研修補助費をもらいながら生地製造技術を職人から文字通り手取り足取りで学ぶというものです。これまで６名の研修生が巣立っていきましたが、波佐見窯業の様々な分野に新しいエネルギーを注入し始めているそうです。先日、研修生の一人Ｔさん（女性　大宰府出身）から話を聞くことができました。子供のころから絵を描いたり物を作ったりすることが好きだったため、インターネットで波佐見の窯業研修制度のことを知るとすぐに応募したそうです。そして面接等で数回波佐見に来るうちに波佐見の人たちのやさしさに触れ、研修生になることを決意しました。

いまはアパートで独り暮らしをしながら溝口明さんの工房「溝口生地」で機械ロクロの技術習得を目指しています。

昭和30年生まれの溝口さんは19歳で父の作業場を継ぎ、以来機械ろくろ一筋で歩んでこられました。Ｔさんの仕事は一日実働８時間、週休二日のペースで、そのさわやかな笑顔が波佐見の暮らしにすっかり馴染んでいることがうかがわせています。

研修生Tさんの研修風景

研修が終わったらどうするつもりかと尋ねたところ、「ロクロの技術を身につけるには一年では短いと思っています。出来ればあと一年くらいはここで勉強して、その後はどこか空き工房を見つけて自立したいです」と目を輝かせていました。また来春からは新しく1名（女性）が袋物を得意とする鋳込み生地屋で研修をスタートする予定です。この窯業研修制度も今はまだ種まきの段階でしょうが、Tさんと溝口さんのまるで親子のような会話を聞いていると、近い将来、波佐見のどこかで大きな花が開くであろうことが予感されます。

また昨年からは東京の通信制の「N高校」生徒たちが波佐見の生地屋や窯元で職業体験に取り組んでいます。今年も東京や埼玉、大阪から5名が参加しており、4日間の研修が終わったら、自分たちがつくった作品の販売促進なども手掛けたいと張り切っていました。

私の夢　波佐見シフォンケーキ

シフォンケーキは、今から90年ほど前に料理愛好家であったアメリカ人保険外交員が考案したと伝えられる家庭用ケーキで、その食感がシフォン（絹織物の一種）のように軽く柔らかいことから名付けられました。バターの代わりに健康に良いサラダ油を使い、丸いシフォンケーキ型を用いて、中央に穴が空いた形に焼き上げます。コーヒーにも紅茶にも、そしてたまには日本茶とでも楽しめる、実に使いまわしの良いお菓子です。

シフォンケーキは比較的安価な洋菓子ですが、トッピング次第では豪華なケーキに変身させることもできそうです。いかがですか、これは手頃な値段で、もっぱら料理を引き立てることに重きを置く波佐見焼の食器に相通ずるものがあるのではないでしょうか。さらには、材料をシフォンケーキ型に流し込んで成形するシフォンケーキと、石膏型を使うことが多い波佐見焼、その作り方にも共通するものがありそうです。

私はモノづくりにはストーリーが大切だと考えていますが、どなたか波佐見焼と波佐見の食材をシフォンケーキに結び付ける雄大なストーリーを描き上げてほしいものです。波佐見焼の食器と、小麦、梨、アスパラガスなどの地元食材を使った波佐見シフォンケーキという組み合わせは、テーブルウエア・フェスティバルや代官山の「あいもこいも」などで提供すれば、来場者の注目を集めるのではないでしょうか。

【筆者プロフィール】

安徳勝憲（あんとく　かつのり）

合同会社ＨＲエンゲージメント代表

一橋大学経済学部を卒業後、海外駐在8年を含み約30年間、主として全日空ホテルズの新規ホテル開発事業に従事。平成17年、本社執行役員兼ストリングスホテル東京（品川）取締役総支配人を最後に退職し長崎国際大学人間社会学部国際観光学科教授に就任。その後、長崎大学地方創生推進本部でＣＯＣ＋推進コーディネーターとして文部科学省地方創生事業に従事。長崎県観光審議会会長。

波佐見陶器まつり60年を振り返って

波佐見焼振興会事務局長　平野　英延

「波佐見焼を天下に知らしめる。」で始まった波佐見焼陶器市。

やきものを売る宣伝するだけでなく、波佐見と言う名が高く評価され、やがては波佐見の経済力が高まることを目的に始まったと当時の広報紙に記してあります。

陶器市沿道風景

陶器市沿道風景

皇太子殿下（現天皇陛下）の御成婚を記念して昭和34年4月に、波佐見焼陶器市の名で第1回目が開催されましたが、この60年現天皇陛下とともに長い歳月の中で、名実ともに「長崎県最大の陶器まつり」となり、国内外から30万人を超す来場者で賑わいを見せるまでになりました。
陶器まつりも還暦の年を迎えますが、忘れてはならないのが発案者である当時の商工会事務局長故橋本實氏の偉大な功績の賜物と言えます。

陶祖碑

第6回（昭39年）には、西の原街道が中心であったものを内海まで延長し約3kmに亘って約70社の出店となり、徐々に発展をして行きました。

当初、窯元・商社の蔵さらえを行い、錦物の茶碗や湯呑み、茶器セットや花器などを販売し、特に外国人には酒器セットが注目を集めたとも記してあります。

また、中心会場であった西ノ原商店街の皆さんは、「歓迎陶器市」の大看板や万国旗を設置したり、風雨の強い時には倒れた看板の手直しなどに追われ大変だったと言われていました。

その甲斐もあり商店街も大勢の人で賑わい、やきもの以外も良く売れなどの経済効果があったそうです。

更に、第6回には「花車」も飛び出し、陶器市を盛り上げましたし、第8回には陶器市臨時列車の運行もあり、来客も増加しました。

第10回（昭43年）には、創業370年祭を実施し、陶祖李祐慶の碑を甲

陶祖祭神事

陶祖祭

テープカット

陶碑

辰園の丘に建て、毎年5月1日に陶祖祭を行い、陶祖の偉業を讃えるとともに波佐見焼の発展を祈っています。

また、記念モニュメントとして森正洋氏デザインによる「陶碑」が工業組合横に建設され、陶片を積み上げた壁面と器を積み上げたデザインは時代とともに進化して来た波佐見焼とその発展を目指したものと思います。

協賛行事として初めて開催されたのが「弓道大会」で、ここでも西ノ原商店街の皆さんのおもてなしが好感を呼び、年々盛んになって行きました。

その後、「囲碁大会」「テニス大会」も開催されていきました。

ある窯元の社長さんからは、当時初めての出店で、数個のやきものをお客さんに販売し、その後数百万円にもなる注文があったとの逸話を聞きました。

その出来事以来一つ一つの器とお客様対応に努めているとのことでした。

第14回（昭47年）には、

弓道大会

囲碁大会

ロードレース大会

天幕やきもの公園

名称を「波佐見陶器祭」と改名し、祭りの一新が図られました。

第20回（昭53年）には、記念事業として、陶磁器コンクールや陶芸協会展、日本人形展示会、県物産即売会なども行われましたし、協賛行事としてロードレース大会も開催され、多くの来場と売上を記録しました。

また、波佐見焼が伝統工芸品指定20周年ということでテレビ宣伝等にも力が注がれ、来場者も大きく伸びました。

第23回（昭56年）には、やきもの公園が一部完成し、沿道型開催から現在の店舗集中型開催への動きが固まって行きます。

当時は舗装もされてなく、雨の日には水溜りを避けて通らなければならず、悲惨の光景もありました。その後レンガ舗装もなされ開催環境も徐々に整っていきました。

第30回（昭63年）には、ブラジル国のやきもの生産地であるマウア市と波佐見町との友好都市の締結が行われ、ダモ市長御一行が陶祖祭への参拝をはじめ、陶器祭への来場がありました。

記念事業として「皿まわし大会」などが行われ、例年にない賑わいがありました。

第32回（平2年）には、西九州自動車道が前年に開通したのに合わせ、4月29日から5月5日までのゴールデンウィークに会期を変更し、やきもの

皿まわし

第2会場

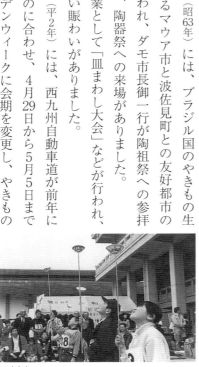

芝生広場会場

大型テント会場

青年部7日間食堂

休憩所

歓迎のぼり

ハチャマル君がお迎え

世界の窯窯焚き・窯出し

競り市

抽選会

公園を主会場として開催しています。

また、波佐見有田IC駐車場に大型テントを設置し、第2会場を設け開催しました。

名称も高速道路の開通に合わせ、「波佐見陶器まつり」と改名し、これまで幾多の名称変更がなされてきましたが、今後統一した名称となされました。

第33回（平3年）には、本会場にも大型テントを設営しての開催となり、風雨に心配することがなく開催できるようになりました。

第38回（平8年）には、世界炎の博覧会が佐賀・長崎県で開催され、波佐見町もサテライト会場として7月から10月までの4カ月間に亘り開催されました。陶器まつりも博覧会の前哨戦として開催され、20万人を超す来場者で賑わいを見せました。

第40回（平10年）には、工業組合青年部による世界の窯での窯焚きが行われ、取り出された約１５００点の作品はオークションにかけられ、訪れた愛好者たちは高値を付け競り落としていました。

第41回（平11年）には、波佐見焼４００年祭が

大型バス駐車場

開催され、テーマを「人・土・炎…未来を拓く」と定め、陶器まつりに合わせて東京大阪での波佐見焼展や県立美術館での波佐見焼４００年展などが開催されました。

また、くらわんかのふるさと大阪府枚方市と市民交流宣言も行われるとともに、枚方市のデパートでは波佐見焼展も開催され、両市町の交流が始まりました。

第49回（平19年）には、これまで苦慮していた大型バスの駐車場不足解消のため、やきもの公園野外ステージ裏に大型バス専用駐車場が整備され、団体客対策が図られました。団体客にとっては、会場へ最も近い駐車場で好評を得ており、土地を貸与いいただきました地権者の皆様には感謝をしなければなりません。

第50回（平20年）は、半世紀にわたり続いてきた陶器まつりを祈念して、多くの記念事業を実施し、28万人を超す来場者を迎え盛大に開催されました。

記念碑として工業組合横に煙突モニュメントを建立、進化する波佐見焼展をはじめ日韓やきもの市、大競り市などのイベントを開催するとともに、来場者プレゼントや抽選会など来場者へのお楽しみ企画も行いました。

50周年記念誌も発刊し、町内全戸に配布し記念の年をお祝いしました。

第53回（平成23年）平成22年に操業開始した長崎キヤノン（株）のご協

50周年記念モニュメント

パフォーマンスショー（炎のレンジャー）

パフォーマンスショー（フラメンコ）

力のもと、「波佐見陶器まつりフォトコンテスト」を開始しました。波佐見町の四季折々の写真の応募があり、陶器まつりに花を添えました。

このころからポスターやチラシにも変化が見られ、現在の波佐見焼に合うようなオシャレでかわいいものとなってきました。

第55回（平成25年）には、来場者が初めて30万人を突破し、３０８，０００人の来場者で大いに賑わいました。

交通量も増え、特に初日の交通渋滞が一層ひどくなり対策が必要な状況となりました。

第58回（平28年）には、毎年交通渋滞を招いていた会場周辺道路でありましたが、川棚警察署による信号機の時間調整をいただき、交通渋滞が大きく解消されました。

第59回（平29年）には、長崎キヤノン㈱がゴールデンウィークには休業日となり、１５００台駐車できる広大な駐車場を貸してもらえることとなり、一気に駐車場不足の解消が出来ました。

正に波佐見町挙げての祭りとなり、波佐見焼の更なる発展が期待できるものとなったように思えます。

平成30年は陶器まつりが還暦の年を迎えましたが、これまでを振り返りますとオイルショックや不況時での開催、高速道路の開通、有田と同時期のゴールデンウィークへの会期変更、やきもの公園の完成、大型テントの

フォトコンテスト表彰式

作品展示風景

長崎キヤノンフォトサービス

駐車場

長崎キヤノン駐車場

シャトルバス

交通渋滞

導入、キヤノン駐車場の提供など、その時々の厳しい経済環境や社会情勢の波を乗り越え、そして様々な知恵と工夫、協力により開催できて来ました。

今回60回を迎えますが、これまで培われてきた貴重な経験と成果を踏まえ、今後更に愛される波佐見焼であるとともに、潜在的に高い生産力と技術力、人間力を生かしながら時代とともに進化する波佐見焼を追求し、更なる波佐見焼の発展を願うものです。

会場内の風景

絵付体験

ろくろ体験

鋳込み体験

陶器まつり来場者数

【年】	【回数】	【人　数】	【開　催　期　間】
平成元年	31	60,000	4月1～5日開催
2年	32	178,000	4月29日～5月5日開催
3年	33	180,000	〃
4年	34	200,000	〃
5年	35	190,000	〃
6年	36	210,000	〃
7年	37	200,000	〃
8年	38	200,500	〃
9年	39	203,000	〃
10年	40	187,100	〃
11年	41	210,000	〃
12年	42	195,000	〃
13年	43	230,000	〃
14年	44	201,000	〃
15年	45	231,000	〃
16年	46	225,000	〃
17年	47	262,500	〃
18年	48	263,000	〃
19年	49	265,000	〃
20年	50	284,000	〃
21年	51	280,000	〃
22年	52	288,000	〃
23年	53	277,000	〃
24年	54	281,000	〃
25年	55	308,000	〃
26年	56	302,000	〃
27年	57	309,000	〃
28年	58	298,000	〃
29年	59	322,000	〃
30年	60		〃

地域再生運動で学んだこと

元ＮＰＯ法人グリーンクラフトツーリズム代表　深澤　清

波佐見焼とは何か？

波佐見焼とは何かと、私は長年考えてきました。それをひとことで解き明かして見せたのは、経産省が波佐見町の児玉盛介さんを、地場産業振興に寄与した人を表彰する「伝統的工芸品産業功労賞」に選んだことです。その新聞記事をよく読んでいるとき、『的』に気づきました。記事に波佐見焼のことを「伝統的工芸品」と、命名してありました。この述語は分かりやすい。識者の先生方の学会とか専門用語に、伝統的を使った文は数多あると思います。私はこのたび、伝統『的』を発見して小躍りし、喜んでいます。これまで波佐見焼とは何かと問われて曰く、「一般家庭用食器」とか「有田焼のようなものであります」など、抽象的であまり自信のない答え方をしていました。このたび、伝統的工芸品の新聞記事を真剣に見ていましたら、『的』が入っていました。

また、それは２０１６年3月に出版された、長崎県立大学学長プロジェクト編に、綱辰幸教授が「伝統的工芸品産業」の述語を使っておられます。それを読んだときは何気なく見ていたので、何も気づかずにいました。今回、私が『的』に気づいたのは、新聞記事を何度も読み直したからです。そしたら『的』と記してあり、こりゃ〜何だと思ったのです。それで波佐見焼とは何かが、いっぺんに解けました。波佐見焼は地場産業商品であると理解していましたが、伝統的工芸品とは理解していませんでした。

伝統的工芸品の前置はこのくらいにして、波佐見焼再生というか地域再生をこれからどうするのかと、これまでどのようなことをなしてきたかを述べてみます。

地域再生と地場産業再生は運動している

私がツーリズムという言葉を知ったのは、平成13年（2001）ころだったと思います。それは波佐見焼が未曽有の不況に、入っていくことを感じたときでした。不況はこれまでの景気循環の浮き沈みでなく、景気が果てしなく無限に沈んでいくのを予感したからです。これでは陶磁器卸で生きていけなくなるので、次の産業おこしをひとりで探し始めました。しかし、次の産業を見つけたり即産業が出来たりするわけでなく、右往左往しました。そんなとき、熊本農政局がツーリズム運動のイベントをおこないました。

それは農業を基本にした地域おこしの講演と、複数人のパネラーによるディスカッションでありました。そのときはツーリズムとは何かと思って拝聴しましたが、その意味するところが分からず帰りました。その後も日本全国で開催されるツーリズム運動の講演会とイベントに、児玉盛介さんと２人で参加しても、まったく分からないことが次々に、襲ってきました。

同時期、波佐見町に「ＮＰＯ法人・グリーンクラフトツーリズム」を結成して、色んなイベントや催事をおこなって参りました。そのツーリズム運動は会員を全国から募集して、お返しナシの会費を集め毎年地域おこしの談合や催事をおこなってまいりました。その後も波佐見焼は、限りなく売り上げを落としていきました。それにも関わらず次の産業を創り出すことが出来ず、10年の月日が流れました。

地域再生　その①

ツーリズム運動を続けていく中で、次の産業を興すことはできませんでしたが、その運動は江戸時代から日本の百姓たちが生きるために、考え出した「結いと催合（もゃい）」であります。

江戸時代の幕藩体制は、農業が主体であり商業で利益をあげたにも関わらず、農本主義でありました。さらに、徳川一家を支える幕藩体制を堅持していました。故に、農民は働けど働けど豊かな生活になすことができず、生きるのに精いっぱいでありました。そんな封建体制の中で人手がいる農業を続けるのに、「結いと催合」の集約的共同作業の方法が自然にできました。この手段方法は昭和30年（1995）代前半まで、日本各地の農村で生きていました。それがなくなったのは戦後急激な商品経済が進行し、農業に機械が導入されたからです。そのために、結いと催合が自然となくなり50年あまりが経過しました。

それで日本経済は貿易立国で大繁盛して、世界に冠たる経済大国になりました。そしたら先進国のリーダーたちが日本タタキを始めて、自由貿易を開始しました。これまで日本の独壇場であった世界のマーケットを後進国の中国と東南アジアに、国内のマーケットを含めて盗られてしまいました。その結果、波佐見焼は生産額を落としまして現在、かつての5分に1の生産額40億円前後をウロウロと続け、10年以上を経過しています。

このようになっても地域再生のツーリズム運動を続けていましたので、次のステップというか生き方がようやく分かるようになりました。それでツーリズム運動は地域の人々を、元気に生かすための運動です。それを続けていたら次世代の若者たちが自ら立ち上がって、試行錯誤しながら自発的にイベントを興しています。

地域再生　その②

この20年間、波佐見町の窯業関係者は相当厳しい生き方を、余儀なくされてきました。それで分かってきたのは経済的に行き詰まれば、隣と助け合う生き方の方法が結いと催合でした。これからは昔ながらの農村共同体の結いと催合でなく、資本主義の商品経済を再生させるために現代版の結いと催合であり、地場産業関係者が共同体の運動を演出することです。この手段方法は、「寄り合い談合」と「つんなむ」となります。

資本主義の商品経済が崩壊して行くのは、人間同志の交流がなくなったときに起こります。時代はＩＴのＡＩ社会に急速に進化しますから、人間が生きる思考速度をはるかに超えていきます。それは田舎人や一般の人々の追随を、許さない社会になりつつあります。そのような社会になったとき、人間交流がとても大切になります。都会では益々生き難くなるのが丸見えです。田舎の人々は都会からＩターンした人達を人間として、受け入れることが出来ます。この思考行動を訓練しておくと、田舎人は生きやすくなります。

地域再生の運動で商品を大きく回すような仕組みを、創り出すことはできませんでした。しかし、人間が人間として、生きるための方法を学ぶことができました。もともと、波佐見焼が大盤振舞するような利益をあげ続けるのは、土台無理なことです。田舎は何とか生きることができれば、それでヨシとします。

地場産業再生　その①

地域再生のツーリズム運動を15～6年おこなってきまして、地場産業の波佐見焼製造と流通が如何に、この村の活性化になるかが理解できました。今後、波佐見産の陶磁器を産業商品として捉えることと、江戸時代から続く卸問屋としての生業を、流通の概念に変えるときがきています。

地場産業は産業ですから、流通の概念をもつことです。ここに、波佐見焼振興に変化が発生します。いつまでも卸問屋の生業をしていると、波佐見焼の本来の意味（産業商品）の開発ができなくなります。それは波佐見焼が、伝統『的』工芸品の産業であるからです。この述語をよく理解すると、波佐見焼の本質が分かるようになります。

それは白山陶器に在籍された、世界的陶磁器デザイナーであった森正洋さんが毎度、口を酸っぱくして波佐見焼は「産業デザイン」であると、云々されていました。先生が亡くなって10年余になりますが、やはり森先生の基本概念を受け継ぐことが波佐見焼の創出と継承であります。このように産業流通の視点と概念をもてば、波佐見焼の活性化になります。

地場産業再生　その②

私は何も分からず、陶磁器の卸をおこなってまいりました。それが上手くいかず遠回りして、地域再生運動のツーリズムをおこなっていました。ツーリズムを簡単にいえば、その本質は人間の交流であります。それでいま、成熟した市場の商品経済にあって、人間の本性である欲望を刺激する販売を続けています。これからの流通は感性を刺激することで、市場を変化させます。故に、商品開発は人々のお役に立つことが、最大の目的です。

それと同時に人々の消費運動を促進させる時代にあっても、雰囲気などの空気やエレガンスの多様性が要る時代となりました。今後、それらの商品をいずれ誰かが、創り出すと思います。それを白山陶器の森先生は50年も前に気づいて、波佐見焼のモデルになっています。これから波佐見焼の形状は森先生が残してくださった、陶磁器の概念が重要です。それをひとことでいうなら産業デザインであります。

商品を消費者に届けるには、地場産業を流通の視点で捉えることです。この流通の概念をよく研究すると、波佐見焼再生は上手くできます。地場産業再生は新たな概念を創り出し、陶磁器産業を振興するのが地域活性です。そして波佐見焼は４００年も生き続けた経緯があるので、これほどよい地場産業は他にありません。世界を駆け巡る基幹産業は、国家とともに生きて行きます。波佐見町の基幹産業は、地場の陶磁器です。小さな農村に１万５０００人が、健気に生き続ける産業があるのは最高によい環境です。

地場産業再生　その③

地域再生と地場産業再生は、連動しているのに気づきました。日本国の基幹産業というか主要産業は、国家と連携して存続しています。片や地方産業と言うか地場産業は、地域と連携して存続しています。主要産業のことは別にして、私どもが直面しているのは地場産業の振興であります。

地域再生と地場産業再生が連動しているとはどのようなことかと申しますと、経営者と働く人が昔から同じ地域内に住んでいるということです。そして村のイベントでは、同じように活動しています。そこに地場産業が地域と連携して、生き続ける現象を見ることができます。村のイベントにおいて、経営者も働く人も同じように奉仕活動をしなければ村の運営と在り方に、むずかしいところが出てきます。

それ資本主義の本丸である利潤の追求と資本の蓄積だけでは、村での会社経営はうまく機能しない。そこには伝統的工芸品を作り続けた４００年の歴史があって、経営の浮き沈みもあります。昨日までの経営者が今日から、働きに出るようなことがいつでも起こります。この地場産業は資本の原理だけで、動き難いところがあります。大きな会社になったところで地場産業の限界がありまして、途轍もなく大きくなることはありません。しかし、経営を上手くやっている優秀な企業は地場産業の在り方をよく知り尽くしていますから、地場の人々と手を組んで生き続けています。

このように考えると地域再生運動を続けてきたことで、地場産業の存在を再発見することができました。その地域再生に、ツーリズムの交流を取り入れるように仕向けた国の指導はお見事であります。そしてお国の政策をよくよく理解し私どもの地場産業と地域再生を指導した、㈱イデアパートナーズの井手修身さんの指導的役割は、大きな意味がありました。これからも井手さんのようなアドバイザーは、地場産業再生のために必要な人材です。

さらに、波佐見町再生のにため多大なる協力をいただいた、ＪＲ九州経営陣の町孝さんと大分大学名誉教授の軸丸勇士先生の指導とアドバイスは貴重でありました。ここに地域再生運動で学んだ、意味があります。たかが波佐見焼再生ですがこれから波佐見焼が生き残るために、外部の道案内人がどうしても要る時代になってきました。地場に住んでいる人々がよりよく生きるために、知識・見識の情報交換が重要となってまいります。基本的に、人間的人間交流が一番重要であるように思います。そのために、結いと催合と寄り合い談合のつんなむが、大きな意味を持っています。

最後に

地域再生と地場産業再生を考えるのが主題でしたが、「波佐見焼とは何かに」変質しました。それでも地域再生のツーリズムから、学ぶものがたくさんありました。このように生き難い世の中をもがきながら生き続ければ、生きる喜びを発見することができます。それは波佐見焼を時代に適応する商品に変えていくことが、大発見であり再生であります。また、寄り合い談合とつんなむことで村人たちが元気に生きる人間交流も、大事と気づきました。

それ地域再生の運動が陶磁器の開発と販売に、大きな貢献をなしています。地域再生は、人間が如何に生きるかのヒントを与えてくれました。この所をよく把握すると、新商品の開発につながってまいります。そして波佐見焼は永遠に産業商品でありますから、町民が健気に生きる手段であります。ここに、波佐見町再生のカギがあります。

了

【筆者プロフィール】

深澤　清（ふかざわ　きよし）

１９４１年生まれ。１９５７年、波佐見東中学校卒業。同年名古屋の鉄工所へ集団就職。１９７０年、怪我と病気のために帰省。

１９７７年陶磁器販売を行う。１９８８年株式会社とう器ハウス設立。１９９８年頃地域再生の運動を始め、現在に至る。

あとがき

波佐見陶器まつり60周年の２０１８年春に本書を上梓することができました。近年、波佐見焼への消費者のご支援や波佐見町全体への関心と評価を様々な方々から聞くことが増えてきました。それはひとえに、およそ20年間にわたる窯業関係者や支援者をはじめとした方々の工夫と努力の賜物です。本書はその間の記録であると同時に今後の波佐見町のあり方を考えるものです。

毎月第一土曜日の早朝に開いている「朝飯会」は、元々は町の有志が勉強会として始めたものでした。その後、現町長を応援する人々の意見交換の場として定着し、深澤清氏を引き継ぎ、現在は児玉が主宰する会合です。各々が一カ月のあいだに経験したり感じたところを3～5分程度でスピーチするというきわめてシンプルな集まりですが、およそ１８０回も続いています。現在では参加者の半数近くは町外の方で、多様な経験や意見の交換の場となっています。本書の執筆者や座談会参加者の多くはこの朝飯会の参加者です。

本書を企画するさいに留意したのは、ひとつは仕事に家庭生活にと大きな役割を果たしている女性の姿を伝えることでした。男だから女だからというわけでもありませんが、子育てや介護の責任をより多く引き受けている女性、そして器が選ばれるさいの重要な感性をもった女性の声を言葉にしておきたいと思った次第です。また、若者たちが自分たちの町をどう思っているのか、波佐見の将来にどんな夢を持っているのか、広くお伝えしたいと思いました。

陶磁器産地として波佐見は「ものづくり」を大切にしてきた土地ですが、今後のまちづくりを見据えるときには「観光」を大きな柱にせざるを得ないでしょう。そのさい、波佐見にふさわしい観光とはどのようなものなのか、それを考える材料になればと考えました。

本書には、早い時期から助言・支援していただいた町孝氏、井手修身氏、立川祐大氏、そして波佐見町出身の河野茂氏（幼少の頃からの児玉の友人）に執筆・発言をしていただきました。船橋修一氏と安徳勝憲氏は朝飯会の常連でもあります。それぞれ今後のまちづくりを考えるさいの道標とも言うべき含蓄のある言葉を頂戴しました。

本書が刊行される4月は陶器まつりを控えた桜の季節でもあります。中尾山や波佐見温泉沿いの川辺に桜が咲き誇るとき、かつて山腹に据えられた登り窯からまだ熱の残る器を取り出す胸の高まり、各地に器を売り歩きそこで見知った土地の風物やお客の話を土産話に家路を急ぐ、先人が味わったであろう苦労と喜びが偲ばれます。波佐見にはいろんな人々との交わりと賑わいが似合っています。西の原を訪れる若者の語らいと好奇心こそこれからも大切にしたい伝説です。本書を手にされた方々と、これからも一緒に地域のありよう、仕事や人生について、また、子供たちの将来について考えていければと思います。

長崎文献社は今回の企画に賛同され、一般に読みやすくするべく工夫していただき、立派な書籍に仕上がりました。堀編集長には心からお礼を申し上げます。

監修　児玉　盛介
古河　幹夫

執筆者等紹介

監修

児玉　盛介　波佐見焼振興会会長、西海陶器株式会社 代表取締役会長
古河　幹夫　長崎県立大学副学長

執筆者

一瀬　政太　波佐見町長
河野　　茂　長崎大学学長
町　　　孝　JR九州リテール株式会社 監査役
井手　修身　イデアパートナーズ株式会社 代表取締役
深澤　　清　元ＮＰＯ法人グリーンクラフトツーリズム代表
立川　裕大　伝統技術ディレクター
船橋　修一　株式会社九州教具 代表取締役社長
松下　和徳　波佐見町観光協会会長
安徳　勝憲　合同会社ＨＲエンゲージメント代表
平野　英延　波佐見焼振興会事務局長
太田　　聖　株式会社西山 代表取締役
城後　　光　波佐見町議会議員
澤田　健一　波佐見町商工振興課長
児玉　涼子　波佐見町婦人会長、はさみ観光ガイド協会員
田中ゆかり　テーブルコーディネータ
松尾ちえみ　松尾陶器（マルミツ）
中村　千織　長崎県陶磁器卸商業協同組合事務局長
太田　早紀　株式会社中善 陶磁器デザイナー
赤尾　美望　長崎県県北振興局商工労務課
大澤満美子　雑貨バイヤー
山脇慎太郎　株式会社新栄 専務取締役
岩嵜　大貴　株式会社岩嵜紙器 代表取締役
里山　賢太　建築コンサルティング・プラン・デザイン文吾堂ディレクター
村島慎一郎　有限会社と～る企画 専務取締役
馬場　匡平　有限会社マルヒロ

波佐見は湯布院を超えるか

発 行 日	初版 2018年4月25日
編 者	波佐見焼振興会編
監 修	児玉 盛介　古河 幹夫
発 行 人	片山 仁志
編 集 人	堀 憲昭
発 行 所	株式会社 長崎文献社 〒850-0057 長崎市大黒町3－1　長崎交通産業ビル5階 TEL. 095-823-5247　FAX. 095-823-5252 ホームページ http://www.e-bunken.com
印 刷 所	オムロプリント株式会社

ISBN978-4-88851-295-4　C0060